Karl-Heinz Brodbeck

DER SPIEL-RAUM DER LEERHEIT

W

Karl-Heinz Brodbeck

DER SPIEL-RAUM
DER LEERHEIT

Buddhismus im Gespräch

Walter-Verlag
Solothurn und Düsseldorf

Die Deutsche Bibliothek – CIP-Einheitsaufnahme
Brodbeck, Karl-Heinz:
Der Spiel-Raum der Leerheit : Buddhismus im Gespräch /
Karl-Heinz Brodbeck. – Solothurn : Düsseldorf : Walter, 1995
ISBN 3-530-50003-8

Satz: Fotosatz Moers, Mönchengladbach
Druck und Einband: Clausen & Bosse, Leck
Printed in Germany
ISBN 3-530-50003-8

Für Elisabeth

Inhalt

Vorwort

In seinem Wesen ist der Buddhismus etwas ganz anderes als ein modisches Konsumgut. Und dieses Wesen zeigt sich weder schnell noch als äußerer Glanz. Es bedarf der Scheu vor der Überlieferung, der Achtung von Traditionen und vor allem der Anstrengung des *Denkens,* um zu diesem Wesen vorzudringen. Buddhismus heißt: Arbeit mit dem eigenen Ich. Das Ich verkörpert sich täglich, stündlich, in jedem Augenblick neu in wechselnden, ganzheitlichen Situationen. Wir aber teilen gewöhnlich die ganze Situation und unterscheiden zwischen Ich und Nicht-Ich, zwischen Mein und Dein, zwischen Ich und Es. Genau bedacht, ist diese Ich-Verkörperung also eine Täuschung; man vermeint einen Unterschied zu erkennen, den es nicht gibt. *Meinen* heißt, eine Bedeutung dort erblicken, wo keine ist, es heißt aber auch: Zum-Mein-Machen, durch Ergreifen und Begreifen. Dieses *Ver-meinen,* die Parteinahme für uns selbst und gegen *andere* Menschen und Dinge, ist die Wurzel unseres verwirrten Daseins und die Quelle aller Leiden. Wir statten uns selbst und die Dinge mit einem Ego aus und sind dann damit beschäftigt, unsere Konstruktionen und Irrtümer in einem Sturm der Gefühle zu verteidigen. Im Buddhismus nennt man dies die drei Gifte: *Gier, Haß* und *Verblendung.* Das Ich, das Ver-meinen, ist zunächst nur ein kleiner Denkfehler; zu einer allgemeinen Gewohnheit geworden, verwüstet es aber heute die Erde. Da die Ich-Grenze sowohl ein verkehrter Gedanke wie ein verdunkeltes Gefühl ist, helfen dagegen die Einsicht in die Leerheit, die Ichlosigkeit aller Phänomene, und die Entfaltung von Mitgefühl mit allen vom Ich ausgegrenzten Lebewesen. Die Wurzel des Irrtums bleibt aber ein falscher *Gedanke*.

Der nachfolgende Text versucht deshalb *denkend* aus unserer Situation, dem Land des Sonnenuntergangs, dem christlichen Abendland, zum Kern des Buddhismus vorzudringen: zur Leerheit. Er möchte auch daran erinnern, daß der Buddhismus in seiner Blütezeit es in Indien verstand, sich mit *aktuellen* philosophischen Systemen sehr erfolgreich auseinanderzusetzen, ohne je in eine sektiererische Haltung zu verfallen. Hierbei ist es besonders wichtig, die Argumente Nagarjunas, des Begründers der Madhyamika-Schule des Buddhismus, neu zu durchdenken. Madhyamika ist dem frühen Buddhismus eng verbunden und zugleich die Grundlage des gesamten tibetischen und des Zen-Buddhismus. In Europa pflegte das Christentum in seiner Blütezeit gleichfalls die stille Kraft des Arguments, vor allem in den Schriften des Thomas von Aquin. Die zweite abendländische Strömung, die Philosophie, viele Jahrhunderte die Magd der Theologie, hat aus ihren griechischen Anfängen eine weitgehend eigenständige Macht entfaltet, die uns in der modernen Technik vor Augen steht. Diese Traditionen in ein wirkliches Gespräch zu bringen ist die Absicht der nachfolgenden Seiten.

Die im Text verwendeten und erklärten Begriffe aus der buddhistischen, christlichen und philosophischen Tradition sind im Anhang in einem Glossar zusammenfassend erläutert und durch weitere Informationen und Literaturhinweise ergänzt.

Zugangshinweise zur Leerheit

... der an Inhalt gänzlich leere Ausdruck Ich. I. Kant, KrV, A 356

Die falsche Grundbeobachtung ist, daß ich glaube, ich bin's, der etwas tut, etwas leidet, der etwas «hat», der eine Eigenschaft «hat».
F. Nietzsche, Werke Bd. III, S. 456

Ich muß das Ich als «Nichts», als «Leere» entdecken, die zur Fülle der Welt tauglich ist oder dieser vielmehr bedarf, um seine Nichtigkeit zu ertragen.
M. Merleau-Ponty, Das Sichtbare und das Unsichtbare, S. 77

Lieber will noch der Mensch das Nichts wollen, als nicht wollen ...
F. Nietzsche, Werke Bd. II, S. 900

... weil sie nicht sehen, daß sie leer in die Welt gekommen sind und auch wieder leer aus der Welt zu kommen suchen. Jetzt sind sie trunken.
Thomas-Evangelium, Log. 28

... in diesem so ganz Leeren, welches auch das Heilige genannt wird.
G. W. F. Hegel, Phänomenologie des Geistes, WW 3, S. 118

Das, was in dieses Leben kam, leerte sich aus, damit durch seine Leere die Welt erfüllt werde. Wenn sich aber ausgeleert hat, was in dieses Leben kam, so war gerade diese Leere selbst Weisheit.
Origines, Jeremias Homilie 8,8

Das Offene ist das Nächste. M. Heidegger, Gesamtausgabe Bd. 54, S. 212

Betrachte diese Welt als leer. Sutta-Nipata § 1119

Die Leere braucht keine Hochschätzung. Es kommt nicht auf den Namen an. Nichts kommt der Stille, nichts der Leere gleich.

Liä Dsi, Das wahre Buch vom quellenden Urgrund, S. 42

Was die Leerheit aller Dinge ist, das kann nicht ausgesprochen werden.

Astasaharsika Prajnaparamita XVIII

Buddha lehrt, daß alle Dinge eine Selbstnatur entbehren, sie sind leer an Persönlichkeit, leer an einer Wesenheit und leer an einer getrennten Individualität.

Diamant-Sutra 8

Der Buddha-Geist ist von Grund auf leer, weder rein noch unrein. Er ist frei von Übung und Erkenntnis. Er ist frei von Ursache und Wirkung.

Bodhidharmas Lehre des Zen, S. 34

Vor dem, was Leiden bringt, mag Furcht entstehen. Die Leerheit bringt das Leid zur Ruhe. Warum sich vor ihr fürchten?

Santideva, Bodhicaryavatara IX, 56

Großer Menschen Aufenthalt ist die Leerheit.
Majjhima-Nikaya 151

B. = *Buddhist*   **C.** = *Christlicher Theologe*   **P.** = *Philosoph*

I

P. Wenn ich, von einem rein philosophischen Standpunkt, Christentum und Buddhismus vergleiche, so scheint mir die tiefste und letztlich unüberbrückbare Differenz in der These von der *Leerheit*[1] zu liegen. Ist es nicht die Grundüberzeugung der Christen, daß ein personaler Gott die Welt aus «Nichts» erschaffen und ins Sein gebracht hat? Und ist es nicht ebenso die Grundüberzeugung der Buddhisten, daß jegliches Sein letztlich illusionär und wesentlich «leer» ist?[2] Solange man beide Positionen festhält, scheint mir eine Vermittlung nicht möglich zu sein.

C. Ich könnte dem vorläufig zustimmen, auch wenn aus der Unvereinbarkeit der Grundlehren nicht folgt, daß die katholische Kirche – der ich angehöre – daraus einen Gegensatz folgert, der zu einer praktischen Bekämpfung des Buddhismus aufrufen würde. Trotz aller Fehler meiner Kirche in der Vergangenheit ist diese Position durch das II. Vatikanische Konzil[3] endgültig überwunden. Vielleicht könnte man es so sagen: Gegenseitige Toleranz und Achtung setzt die Anerkennung substantieller Unterschiede ebenso voraus, wie es diese gerade sind, die Toleranz erfordern.

P. Sie werden verstehen, wenn ich hier skeptisch bleibe. Das II. Vatikanum ist nicht unumstritten, und die katholische

Kirche ist nur eine, wenn auch vielleicht die größte, christliche Gruppierung. Schließlich dürfen wir den Missionsauftrag[4] der Kirche nicht vergessen. Doch mir scheint, ich lenke von unserem Thema ab. Können auch Sie als unser buddhistischer Gesprächspartner dieser Situationsbeschreibung zustimmen?

B. Sie scheint auf den ersten Blick sicherlich zutreffend zu sein. Ich bin nur ein sehr nachlässiger Praktizierender des Dharma und besitze keine tiefe Einsicht. Ein großer Lehrer wie der Dalai Lama[5] hat hier drei Stufen unterschieden: Auf einer praktischen, alltäglichen Ebene gibt es in der Zusammenarbeit zwischen Menschen, die unterschiedlichen spirituellen Wegen folgen, keine Schwierigkeit. Alle zielen letztlich darauf, das Leid der Wesen zu mindern und ihnen in ihrem Streben nach Glück zu helfen. Geht man dann tiefer – und der Dalai Lama sprach hier ausdrücklich die Leerheit an –, so ergeben sich sehr große und nicht zu überbrückende Unterschiede. Doch diese Unterschiede bleiben immer noch auf einer Ebene des Denkens und der Gedanken. Betrachtet man letzte Erfahrungen, so zeigt sich wiederum, daß vermutlich alle Religionen von derselben «Sache» sprechen. Da mir als gewöhnlichem Wesen diese letzte Erfahrung fehlt, scheint es mir sinnvoll, auf der Ebene der Gedanken und dessen, was uns allen zugänglich ist, Hinweise auf diese Gemeinsamkeit zu finden. So jedenfalls verstehe ich unser Gespräch.

C. Ich bin bewegt von dieser Vorstellung, sehe aber kaum einen Weg, der hier begangen werden könnte.

P. Vielleicht darf ich einen Vermittlungsversuch unternehmen. Wäre es nicht sinnvoll, zunächst den Begriff der «Leerheit» etwas näher zu betrachten? Die Leerheit hat, soweit ich
die Sache beurteilen kann, offenbar zwei «Enden». Ein Ende
ist uns gewöhnlichen Menschen zugänglich und verständ-
lich; ein anderes Ende kann nur von erleuchteten Wesen
vollständig erfaßt werden. Zwischen beiden «Enden» gibt es
aber eine Brücke, eine Verbindung.

B. Das ist korrekt, nur möchte ich eine leichte Verschie-
bung der Betonung vornehmen: Die Leerheit ist nicht etwas, das irgendwie «erfaßt» werden kann. Oder anders gesagt: Die Leerheit zu erfassen ist dasselbe, wie zu sagen,
jemand ist ein Buddha[6]. Leerheit vollständig zu erfassen und
ein Buddha zu sein ist dasselbe. Da wir gewöhnlichen Wesen nicht prinzipiell von diesem Buddha-Wesen getrennt
sind, gibt es für uns Wege, ein Buddha zu werden. Deshalb
ist es nicht hoffnungslos, wenn wir es unternehmen, von der
Leerheit zu sprechen.

P. Ich denke, wir sind uns einig, daß wir notwendig in Mo-
dellen und Bildern sprechen. Wörter wie «nicht getrennt
sein», «zwei Enden der Leerheit» usw. sind Hilfen; sie vertreten nicht die Sache selbst. Und die Leerheit ist, soweit ich
es verstehe, nicht einmal eine Sache.

C. Wenn ich das Wort «Leerheit» — vor dem mich immer
ein gewisses Grauen befällt — einmal beiseite lasse, so ist
das, was Sie beide sagten, der traditionellen thomistischen
Lehre durchaus vertraut. Im Christentum ist die letzte
Wahrheit, das letzte Sein Gott selbst. Gott selbst können

wir, wie in der Schrift bezeugt ist, nicht sehen, ohne zu sterben. Das heißt, anders ausgedrückt: Ein gewöhnliches Lebewesen zu sein und Gott vollständig zu erkennen ist ein «Widerspruch». Sobald man Gott «sieht», ist man kein «lebendes Wesen» mehr; man ist vielmehr tot, denn erst im Tod begegnen wir Gott selbst. Oder mit dem hl. Thomas[7] gesagt: «Ein bloßer Mensch vermag Gottes Wesen nicht zu schauen, außer er würde zuvor dem sterblichen Leben entrückt.»[8] Dennoch ist uns Gott auch im Leben nicht unzugänglich. Vor allem besitzen wir sein Wort, die Bibel. Wir können diesem Wort Glauben schenken. Geschieht dies nicht, so sind dennoch nicht alle Wege zu Gott verbaut. Man kann Gott indirekt erkennen in seinen Werken, in seinen Wirkungen, das heißt an der Schöpfung. Die Existenz Gottes ist durch die Existenz der Welt zugänglich. «Weil er selbst», sagt Dionysios Areopagita, «nur dadurch sein Existieren kündet, daß er alles Seiende zum Sein erhebt.»[9] Allerdings erkennen wir am Seienden, an den Dingen Gott nicht so, wie er für sich selbst ist; wir erkennen ihn nicht eigentlich. Aber wir erkennen ihn nach Art einer Analogie.[10] Wenn ich dies auf die Leerheit übertrage, so würde ich sagen: Vielleicht ist im Buddhismus etwas Ähnliches gemeint. Durch das Denken und die Vernunft erkennen wir die Leerheit «analog», noch nicht nach Art der Buddhas, aber doch auf eine ihr entsprechende Weise.

P. Verzeihen Sie, wenn ich das Tempo auf Ihrem Weg zueinander etwas verlangsame und zunächst auf den Unterschieden beharre. Leerheit ist, was immer sie sein mag, kein personales Wesen. Gott wird personal, als Ich gedacht: «Ich bin der ‹Ich bin›», heißt es doch im Alten Testament.

B. Das ist richtig. Der Buddhismus lehnt die Vorstellung eines besonderen, ich-haften Wesens ab, das die Welt erschaffen hat und von ihr getrennt ist. Doch auch hier möchte ich einen Vermittlungsversuch wagen. Die Leerheit hat keine benennbare Eigenschaft; sie ist offen für jede Bestimmung oder Struktur. Wenn man das «Ich» als Modell verwendet, so denkt man meist an das Gegenteil von Offenheit. Wir grenzen unseren Bezirk ab durch «mein» und «dein». Aber das personale, subjektive Wesen des Menschen reduziert sich nicht auf dieses Ich. Im Buddhismus sagt man, daß dieses Ich letztlich eine Illusion ist, eine Täuschung über sich selbst. Das heißt aber nicht, daß es nicht andere Strukturen in uns gäbe, die mit dem Ich nichts zu tun haben. Ich denke zum Beispiel an die Liebe[II] oder an die Kreativität. In der Liebe finden wir uns selbst im anderen, das heißt gerade nicht im Abgrenzen. Und in der Kreativität sagen wir: «Mir kommt eine Idee», nicht «Ich *mache* eine Idee». Auch hier steht das Offene, Empfangende im Vordergrund. Und das ist eines der wesentlichen Kennzeichen der Leerheit: Offenheit und mitfühlende, liebende Energie.

C. Ich bin auf das äußerste erstaunt über Ihre letzten Äußerungen. Denn «Kreator» und «Liebe» sind jeweils andere Namen für Gott. Gott ist das Prinzip, aus dem alles hervorgeht. Er …

P. Vielleicht sollten wir sagen «Sie», nämlich die Gott-heit?

C. Dem kann ich zustimmen, wenn man hinzufügt: Sie, die Gottheit, wird von Jesus «Vater» genannt. Der Vater (die Gottheit) ist, in der Redeweise des hl. Thomas, ungezeugt und ohne Ursprung. Der Vater ist «Ursprungsgrund nicht von einem Ursprungsgrund»[12]. Der Sohn ist die Erscheinungsweise der Gottheit; in ihm erscheint sie in menschlicher Gestalt. Christus wird auch «Logos» oder «Bild» genannt. Er ist gleichsam die erscheinende Form der Gottheit, ihre sichtbare Gestalt. Der Mensch ist «nach dem Bilde Gottes» geschaffen, das heißt nach katholischem Verständnis: Der Mensch ist Christus, dem Bild Gottes, ähnlich.[13] Um nun zwischen dem ungezeugten Ursprung der Gottheit und der Form, dem Bild, der Wort-Struktur des Sohnes zu vermitteln, bedarf es einer dritten göttlichen Person: des Hl. Geistes. Und der Hl. Geist ist die «Energie» der Zuneigung Gottes zu den Menschen in der Gestalt Christi. Oder mit Thomas gesagt: «Vom Heiligen Geist heißt es, Er sei das Band zwischen Vater und Sohn, insofern Er die Liebe ist; denn da der Vater mit einer Zuneigung sich und den Sohn liebt und umgekehrt, ist im Heiligen Geiste, insofern Er die Liebe ist, das Verhältnis des Vaters zum Sohne (und umgekehrt) als des Liebenden zum Geliebten mitgegeben.»[14]

B. Nun bin *ich* auf das äußerste erstaunt. Ein anderer Name für «Leerheit» ist «Dharmakaya».[15] Der Dharmakaya ist nicht durch irgend etwas verursacht, ist völlig rein, allgegenwärtig, ewig und seinerseits die Quelle oder Grundlage aller Formen. Ein Buddha ist ein Wesen, das den Dharmakaya verwirklicht hat, zugleich aber in der Gestalt gewöhnlicher Lebewesen erscheint. Ein Buddha erscheint in der Form des Nirmanakaya. Er kann sich darin aber nur manifestieren durch die Vermittlungsenergie eines energetischen Prinzips, des Sambhogakaya. Der Sambhogakaya wird gewöhnlich übersetzt als «Genußkörper». Er wird erlangt von

Bodhisattvas auf der höchsten Vollendungsstufe. Was ist ein Bodhisattva? Ein Wesen, das alles Streben in liebende Hingabe zur Befreiung der Lebewesen verwandelt. «Genuß» heißt hier nicht selbstsüchtiges Genießen von bestimmten Erfahrungen, vielmehr die Energie der Hingabe (bodhicitta).

P. Wenn ich Ihre Euphorie etwas dämpfen darf: Es zeigt sich offenbar eine gewisse strukturelle Ähnlichkeit in beiden Religionen, die durch ein dreiteiliges Prinzip ausgedrückt wird. Das erste Prinzip kennzeichnet eine Art Ursprung. Sein Merkmal ist dies, nicht erzeugt zu sein. Das zweite Prinzip (Sambhogakaya, Heiliger Geist) drückt eine aktive Energie aus, die übereinstimmend mit «Liebe» bezeichnet werden kann. Das dritte Prinzip ist schließlich auf der Ebene der Phänomene angesiedelt und könnte mit «Form», «Gestalt» oder «Struktur» umschrieben werden. Wenn ich hier etwas skeptisch relativieren darf: Soweit ich weiß, wurde die Lehre von der Dreifaltigkeit (Trinität) ursprünglich keineswegs einheitlich vertreten. Erst auf dem Konzil von Nizäa (325) wurde, gegen andere Auffassungen, diese Lehre dogmatisch festgeschrieben. Eine Lehre von den Trikaya gibt es, soweit ich weiß, im ursprünglichen Buddhismus auch nicht. Zum Beispiel lehnen die Hinayana-Schulen[16] die Existenz eines Sambhogakaya ab. Es läßt sich noch im Lankavatara-Sutra[17] keine klare Zuordnung von drei Körpern entdecken.[18] Vermutlich wurde die Trikaya-Lehre von Asanga (4. Jahrhundert) in die buddhistische Tradition eingeführt. Es existiert damit wenigstens eine zeitliche Übereinstimmung zwischen beiden Lehren — weshalb nicht eine direkte Berührung?

B. Sie sagen «Berührung». Sicherlich ist eine Berührung im Sinne von direktem Kontakt möglich. Wichtig erscheint mir nur, ob uns dies weiterbringt im Verständnis der Leerheit – und hier sehe ich eine sehr große Hilfe und strukturelle Ähnlichkeit. Über die Lehre von den drei Kayas gibt es offenbar eine Brücke zur Trinitätslehre des Christentums, wenigstens des Katholizismus. Die späte Entdeckung der drei Buddha-Körper ist übrigens kein Zufall. Buddha selbst hat einige Lehren zurückgehalten und einer späteren Verkündigung vorbehalten, dies mit Rücksicht auf die Fassungskraft seiner Schüler. Die Lehre von den drei Kayas stellt eine Vertiefung der Mahayana-Lehre von der *sunyata* (= Leerheit) dar und folgte ihr deshalb nach. Der Sache nach ist die Sunyata-Lehre in den Hinayana-Lehren durchaus enthalten.

C. Ebenso ist zu sagen, daß es für das Trinitätsdogma zahlreiche Schriftbelege gibt. Erst die Auseinandersetzung mit anderen Meinungen führte zur klaren Formulierung des Dogmas.

P. Deshalb sollten wir nochmals zum Gehalt der Lehre zurückkommen. Da wir von einer direkten Berührung gesprochen haben, möchte ich Sie auf eine nicht sehr bekannte Tatsache hinweisen, die Sie vielleicht interessieren wird. Das Wort «sunya» (leer) kann in Indien als Wort für die Zahl Null erstmals in einer Inschrift 870 n. Chr. nachgewiesen werden. Das Zahlsymbol Null bedeutet ursprünglich einfach eine leere Stelle auf dem Rechenbrett. Wurde mit den Fingern gezählt, so sprach man von «Mudra», Finger-Zählen. Die Araber lernten im 9. Jahrhundert die Null als Rechenhilfsmittel kennen und übersetzten das Wort «sunya» mit «as sifr» (die Leere). Daraus entstand im 13. Jahrhundert die doppelte Form «cifra» und «zefirum», Ursprung unseres deutschen Wortes «Ziffer» und des englisch/französischen Wortes «zero». Die französische Form «chiffre» wiederum wurde zu einem Fremdwort, das zum Beispiel in der Philosophie von Karl Jaspers die Bedeutung von «geheimnisvolles Zeichen für das Unaussprechliche» hat. Das Abendland ist also durchaus mit der Leere konfrontiert worden, in der Form der Zahl «Null».

II

C. Dieser Einfluß hat das mittelalterliche Denken sehr stark bewegt. Allerdings müssen wir zwischen «Nichts», «Null» und «Vakuum» unterscheiden. Ehe wir die genaue Darstellung der Lehre von der sunyata durch unseren buddhistischen Freund erfragen, wäre eine Klärung der westlich-abendländischen Tradition bei dem scheinbar verwandten Begriff «Nichts» hilfreich. Ansonsten übersetzen wir ein Wort und verleihen ihm durch unsere Tradition eine Bedeutung, die ihm völlig fremd ist.

B. Ich bin damit sehr einverstanden, möchte aber auf diesen Punkt später nochmals zurückkommen. Vorläufig bin ich gespannt auf die Darlegung der Lehre vom Nichts im Abendland.

P. Wenn ich mich zunächst noch einschalten darf: Die christliche Lehre, vor allem die des Hochmittelalters, besteht in einem nicht unerheblichen Teil aus der Übernahme griechischer Traditionen; ursprünglich in der Philosophie Platons, später, durch arabische Vermittler, die auch die Zahl «Null» überbrachten, in den Lehren des Aristoteles. Zu erwähnen sind hier Averroes, Ahnherr des später von Thomas von Aquin bekämpften Averroismus, und Avicenna, der arabische Arzt und Philosoph, dessen große Enzyklopädie vor allem Albert den Großen und Thomas beeinflußt hat. Auch hier, wenn Sie verzeihen, wieder ein kleiner historischer Hinweis: In Avicennas Lebensgeschichte gibt es dunkle, aber aufklärbare Punkte. Günter Lüling[19] hat gezeigt, daß er unter buddhistischem Einfluß wichtige Elemente des Islam ablehnte. In seine Aristoteles-Interpretation fließen deshalb auf unklare Weise indisch-buddhistische Elemente ein.

C. Verzeihen Sie, Sie wollten auf die Lehre vom Nichts bei den griechischen Philosophen hinweisen.

P. Danke für Ihre Hilfe, meinen schweifenden Geist zu zügeln. Die wichtigste frühe Aussage der griechischen Philosophie ist die des Parmenides. Er sagte: «Brauch oder Pflicht ist, das zu sagen und zu denken, daß Seiendes ist; denn das kann sein; Nichts ist nicht: das, sage ich dir, sollst du gelten lassen.»[20] Hier ist ein Fundament gelegt für alle späteren Interpretationen. Wenn Parmenides auffordert, die Sitte einzuhalten, vom Seienden zu sagen, es sei, so drückt er die Möglichkeit aus, daß dies auch nicht geschehen kann. Das entspricht dann nicht dem Brauch, der Sitte, der Norm. Das Nichts ist also verstanden als das, was sich im Denken und Sprechen zeigt und im «Sein» keine Grundlage findet. Aristoteles drückt dies später so aus: «Da man aber vom Seienden aussagen kann, daß es nicht ist, und vom Nichtseienden, daß es ist, und wiederum vom Seienden, daß es ist, und vom Nichtseienden, daß es nicht ist, und da das ebenso für die Zeiten außerhalb der Gegenwart Geltung hat, so läßt sich alles, was einer bejaht, verneinen, und alles, was einer verneint, bejahen, und demgemäß ist offenbar jeder Bejahung eine Verneinung und jeder Verneinung eine Bejahung entgegengesetzt.»[21]

B. Das würde, wenn ich es recht verstehe, bedeuten, daß das «Nichts» etwas ist, das nur im Urteil, in der Aussage, im Satz erscheint. Parmenides will sagen: Das Sein selbst ist frei vom Nichts, es ist nur. Die Negation, die Verneinung zeigt sich erst im Sprechen und Denken. Der Widerspruch ist also ein Wider-Spruch, eine Aussage gegen eine andere.

P. Dies scheint mir zutreffend zu sein. In der Skepsis wird aus der Möglichkeit, von jeder Sache gegensätzliche Urteile bilden zu können, gefolgert, daß Seiendes nicht ist, genauer: Man soll sich eines Urteils über das Seiende enthalten.

C. In seinen «Sophistischen Widerlegungen» hat aber Aristoteles gezeigt, daß die Skepsis nicht klar unterscheidet zwischen richtigen und falschen Urteilen und so Verwirrung stiftet. Nach Aristoteles ist, kurz gesagt, die skeptische Haltung das Resultat einer Täuschung.

P. Sie werden erlauben, daß ich das anders sehe – auch sah ich eben, wenn mich nicht alles täuscht, bei unserem buddhistischen Freund eine mißbilligende Geste. Doch wir sollten die Reihenfolge beachten und die Geschichte des Nichts, unseres vorläufigen Haltegriffs für «Leerheit», etwas weiter verfolgen. Ich denke, das ist nun das Terrain des Theologen.

C. Tatsächlich ist die Lehre vom Nichts untrennbar vom biblischen Schöpfungsbericht. Es ist Gemeingut aller Christen, daß Gott die Welt aus «Nichts» erschaffen hat. Er hat nicht nur das Sein der Dinge hervorgebracht, er ist es auch, der die Dinge im Sein erhält. Gott wird selbst das reine Sein (ohne jede Möglichkeit, nicht zu sein) genannt. Er ist es, der die Dinge und Menschen beständig davon abhält, daß sie ins Nichts zurücksinken. Also ist, christlich erfahren, das Nichts nicht nur einfach eine formale Möglichkeit in einer Aussage; es ist eine beständig über der Kreatur schwebende Möglichkeit; daß sie nicht eintritt, verdanken wir nur der göttlichen Liebe und Gnade. Kreaturen, das heißt all das, was Gott in das Sein erhoben hat, sind nicht reines Sein. In ihnen verbleibt eine Dunkelheit. Der hl. Thomas sagt: «Dunkel ist die Kreatur, sofern sie aus dem Nichts stammt.»[22] Insofern, als die Kreatur vom Nichts herrührt, verbleibt in ihr ein Streben nach dem Nichts, das heißt dem Bösen. Das Böse entstammt damit weder aus dem Sein noch aus Gott: «Vielmehr hat dies die Kreatur aus sich selbst, sofern sie aus dem Nichts geworden ist.»[23] Es werden also folgende Gegensätze hier bestimmt: Sein, das Wahre, Gute und Schöne, kommt in vollkommener Form nur Gott zu. Er verleiht das Sein den Kreaturen, die aber, sofern sie eben Kreatur sind, in sich oder aus sich selbst Nichts sind. Gleichwohl strebt die Kreatur nach dem Sein, nach Gott. Der «freie Wille» der Menschen allerdings stammt, wie Thomas sagt, aus der Kreatur als Kreatur selbst, das heißt dem Nichts. Insofern kann der *freie* Wille dem Bösen verfallen.

Meister Eckhart sagt deshalb: Die Kreatur muß allen Eigen-willens ledig werden, um zu Gott zu gelangen. Das heißt im Sinne des hl. Thomas: Sie muß sich ihrer Herkunft aus dem Nichts entledigen.

P. Wenn ich das richtig verstehe, bedeutet «Nichts» im Christentum, genauer in der Interpretation der Hochscho-lastik, ganz in unserem Sinne das schlechthin Negative: Es ist das Böse, Häßliche, Nichtseiende, Teuflische usw. Aber es *ist* doch dann wenigstens?

C. Dies wird von allen Kirchenlehrern abgelehnt. Der Grund ist einfach: Das Sein kommt nur Gott zu. Sofern et-was Böses also «ist», stützt es sich auf Seiendes und damit auf etwas Gutes. Für sich selbst ist das Nichts nichtig. Es gibt einen Abfall vom Sein, dadurch, daß sich im freien Wil-len das Nichts geltend macht. Dies ist die Sünde. Sie höhlt gleichsam das Sein des Menschen aus und führt ihn weg von Gott hin zum Nichts. Nichts ist keine Substanz, keine Kraft. «Wenn Gott», sagt Thomas, «ein Wesen in das Nichts zurückführte, so geschähe dies nicht durch ein Wirken, son-dern dadurch, daß er aufhörte zu wirken.»[24] Jede Fülle, aller Reichtum usw. *ist* also, und sofern wir das Wort «ist» ge-brauchen können, stammt es von Gott, dem Sein in Voll-kommenheit.

P. Hier scheint nun allerdings eine unüberbrückbare Schranke zwischen Buddhismus und (ich will vorsichtig for-mulieren:) Katholizismus zu sein. Wenn man das Nichts als Nicht-Substanz übersetzt, dann ist es dem Nicht-Selbst [anatman] des Buddhismus doch sehr nahe. Buddha sagte doch gerade, daß kein Ding ein letztes, substantielles Sein besitzt.

III

B. Sie machen es mir nicht leicht, hier Stellung zu beziehen. Aber ich möchte das Spiel einer Konfrontation von Auffassungen zunächst mitmachen, nicht allerdings, ohne auf das Folgende hinzuweisen: Leerheit ist zwar eine gedanklich zugängliche Kategorie, doch selbst dieses Denken ist eingebettet in eine spirituelle Praxis. Das scheint mir auch beim Denken des hl. Thomas der Fall zu sein. Man kann ihn nicht, wie das leider immer wieder geschieht, als *bloßen* Philosophen betrachten. Dennoch ist richtig – um mit Nagarjuna zu sprechen: «Um sich selbst und andere kluge Leute zu überzeugen, sollte man immer ohne jeden Fehler vorgehen.»[25]

C. Dem würde Thomas sofort zustimmen.

B. Gut. Ich will versuchen, zunächst ohne Bezug zum Westen, die Leerheit – soweit ich sie verstehe – zu erläutern. Im Buddhismus unterscheidet man mehrere Fahrzeuge, das heißt Systeme und Traditionen, die theoretische und praktische Anleitungen zur Befreiung geben. Das Ziel aller Belehrungen ist immer, den Wesen zu helfen. Ich möchte diese Lehren aber so wenig traditionell wie möglich präsentieren. Ein paar Begriffe sind aber grundlegend. Der Buddhismus hat, wie ich glaube, tatsächlich ein anderes Verständnis in der Interpretation dessen, was wir hier «die Welt» nennen.

Die «Welt» besteht nicht aus Dingen, Lebewesen, aus Raum und Zeit usw., sie ist vielmehr charakterisiert durch Situationen. Die letzte und grundlegende Charakteristik der «Welt», des «Seienden» — welche westlichen Wörter wir immer wählen mögen — ist ihre «situative Struktur». Im Tibetischen spricht man hier von «Mandala», womit oft besondere, segensreiche Situationen und weit Tieferes gemeint sind. Generell ist ein Mandala aber eine Situation, in der sich jemand befindet. Ein besonders bekanntes Mandala ist das «Lebensrad». Das Lebensrad, ganz einfach erklärt, deutet auf die dynamische Struktur aller Situationen hin.[26]

P. Ist dieses Lebensrad, diese Lehre vom bedingten Entstehen[27] nicht einfach eine etwas komplexe Regel von der Kausalität, eine Theorie der Ursachen?

B. So wird es sehr häufig übersetzt. Wir müssen aber beachten, daß der Begriff «Ursache» wesentlich geprägt wurde durch die Lehre des Aristoteles. Hier gibt es Übereinstimmung, aber auch Trennung. Ich hoffe, Ihre Zustimmung zu finden, wenn ich sage: Aristoteles und noch Thomas verwenden immer wieder das Bild des Handwerkers, um Ursachen zu demonstrieren. Sie verwenden also als Vor-Bild eine spezielle Form des menschlichen Handelns, die handwerkliche, künstlerische Arbeit.

C. Das läßt sich, im Sinne eines Beispiels, bei Thomas und Aristoteles sehr häufig finden. Thomas sagt zum Beispiel in der «Theologischen Summe» an einer Stelle sinngemäß: Gott ist die erste vorbildliche Ursache aller Dinge. Um dies einzusehen, müsse man beachten, daß jedes produzierte

Ding eines Vorbildes bedarf, nach dem es gefertigt werde. Und er verwendet als Beispiel einen Künstler.[28]

P. Wenn ich mich einmischen darf: Auch wenn Thomas das Handwerk nur als Beispiel anführt – das gilt auch für Aristoteles –, so bleibt er doch in dem Denkmodell gefangen. Wenn man einen Tisch nach einer Zeichnung anfertigt, so ist das Verhältnis von bildlicher Ursache (Zeichnung) und Tisch offensichtlich. Selbst bei Platon wird gerne übersehen, daß «idea» von den griechischen Baumeistern als Wort zur Bezeichnung ihrer Holzmodelle für Tempel und Gebäude verwendet wurde; Platon hatte also eine Art «sinnliches Vorbild» für Dinge (Tempel) und getrennte Ideen (Holzmodelle dafür). Was Ideen und Bilder im Geist Gottes angeht, so ist mir die Sache weniger klar.

C. Es ist dies nur eine Wahrheit per Analogie, wie Thomas sagt.

B. Wie auch immer: Gemeinsam ist dieser Auffassung und der buddhistischen, daß das Handeln der Menschen unabdrängbar in der Erklärung der Ursache eine Rolle spielt. Ich darf hier einen Abschnitt aus F. Th. Stcherbatskys «Buddhist Logic»[29] anführen: «Deshalb ist, nach Meinung der Buddhisten, die Realität dynamisch. Es gibt überhaupt keine bleibenden Dinge. ‹Was wir Existenz nennen›, werden die Buddhisten nicht müde zu sagen, ‹ist immer Handeln.› ‹Existenz ist Arbeit (karma)›, sagt Santiraksita. Handlung und Realität sind austauschbare Begriffe. ‹Verursachung ist kinetisch.› Es ist eine anthropomorphe Illusion anzunehmen, daß Dinge *nur* existieren können, räumlich existieren können, ohne Handlung, und dann, so wie sie sind, plötzlich aufstehen und eine Handlung (Wirkung) erzeugen. Was immer existiert, handelt immer.» − Handlung heißt auf Sanskrit «karma». Das bedeutet, Ursache ist etwas, das untrennbar ist vom Handeln, unabtrennbar von dem *Verständnis,* das Menschen beim Handeln haben und gewinnen.

P. Wir sprechen im Abendland auch von «Wirklichkeit», das heißt, wir legen die Welt so aus, als sei sie bewirkt. Heidegger hat der traditionellen Philosophie vorgeworfen, daß sie alles so begreifen würde, als wäre es ein Gegenstand der Arbeit. Wir sagen für etwas, das existiert, ja auch: Es ist vorhanden, es liegt vor der tätigen Hand. Hier scheint mir eine große Verwandtschaft mit dem Wort «Karma» vorzuliegen.

C. Aber Karma hat doch auch eine transzendete, metaphysische Bedeutung, als universelle Vergeltung der Taten, oder irre ich mich?

B. Es wäre zu klären, was damit gemeint ist. Karma, in diesem Sinne verstanden, ist jedenfalls nicht etwas, das ich hier *demonstrieren* und durch gute Gründe aufzeigen könnte. Belassen wir deshalb Karma zunächst beim einfachen Wortsinn.

P. und C. Einverstanden. Fahren Sie fort in Ihrer Erklärung der Leerheit.

B. Im ursprünglichen Buddhismus, wie er uns in den Schriften der Theravadin, im Pali-Kanon, überliefert wird, findet sich bereits eine Form der Lehre von der Leerheit. Die erste Verkündigung des Buddha nach seiner Erleuchtung war die Lehre von den Edlen Vier Wahrheiten.

P. Lassen Sie mich ein wenig Bildung demonstrieren. Sie lauten:

1. Die Wahrheit vom Leiden
2. Die Wahrheit von der Entstehung des Leidens
3. Die Wahrheit von der Beendigung des Leidens
4. Die Wahrheit von den Pfaden zur Aufhebung des Leidens

B. Das ist richtig.

P. Wenn Sie erlauben: Mir hat nie eingeleuchtet, was hieran eine «Wahrheit» sein soll. Es handelt sich um psychische Zustände; Buddha wählt ein Beispiel. Er hätte auch genausogut die Freude oder die Lust nehmen können. Übrigens vertritt ein Buddhist[30] die Auffassung, man könnte tatsächliche andere psychische Zustände als Beispiel anführen.

IV

B. Buddhismus ist kein dogmatisches Gebäude; Sie finden unterschiedliche und gegensätzliche Auffassungen. Es mag sein, daß für einige Menschen diese alternative Interpretation hilfreich ist; ich teile sie nicht. Die erste Wahrheit lautet eigentlich genau: «Die fünf Skandhas[31] sind leidhaft.» Was sind die fünf Skandhas? Meist versteht man im Westen darunter eine etwas umständliche Einteilung der menschlichen

Natur in fünf Aspekte. Doch das ist unzutreffend. Für Buddha sind die fünf Skandhas die ganze Welt, erlebt in einer Situation. Die fünf Skandhas sind die innere Struktur jeder Situation irgendeines Lebewesens. Das ist die einheit-

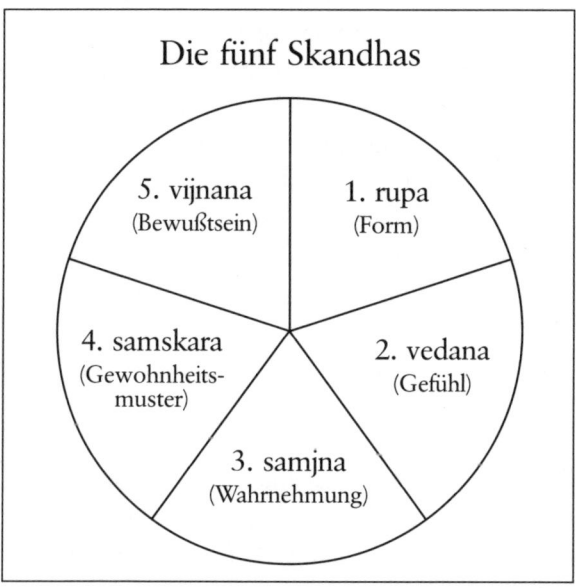

Die fünf Skandhas

5. vijnana
(Bewußtsein)

1. rupa
(Form)

4. samskara
(Gewohnheits-
muster)

2. vedana
(Gefühl)

3. samjna
(Wahrnehmung)

liche Lehrauffassung aller Traditionen; so sagt Nagarjuna: «Kurz gesagt sind die Skandhas definiert durch ‹alle Phänomene›.»[32] Was sind also die Skandhas, und weshalb sind es fünf? Sie stellen, wie gesagt, Aspekte des situativen Daseins dar. In Situationen sind wir *erstens* umgeben von Formen. Damit ist all das gemeint, was uns durch die Sinne entgegentritt. In Situationen sind wir *zweitens* immer auf bestimmte Weise «gestimmt», haben «Gefühle» usw. Dies ist

das zweite der fünf Skandhas. Ferner, *drittens,* sind wir aus-
gerichtet auf bestimmte Formen, wir unterscheiden sie von
anderen, oder: Wir nehmen wahr. Wahrnehmen ist ein Unterscheiden, das sich schon auf «innere Erlebnisse», auf Gefühle usw. stützt. Wir unterscheiden die Tasse vom Tisch in
Beziehung auf uns selbst, auf unsere Gefühle. *Viertens* sind
wir in Situationen beständig irgendwie aktiv: Wir denken
und handeln. Hierbei handeln wir aber fast nie achtsam und
bewußt. Wir handeln und denken oft automatisch, in Rou-
tinen, gewohnheitsmäßig, in bestimmten Mustern (Pattern).
Wir sehen ein Buch und wollen darin blättern, sehen eine
schöne Frau und wollen sie ansprechen, riechen frisch Ge-
backenes und bekommen Lust, es zu essen, usw. *Fünftens*
schließlich sind wir bewußt, wir haben Bewußtsein.

P. Ist mit «bewußt» das sinnliche Bewußtsein gemeint —
oder auch das Denken?

B. Selbst wenn wir «in Gedanken» von dieser Situation ab-
gelenkt sind und zum Beispiel in Gedanken einkaufen gehen, während wir uns hier unterhalten, so sind wir doch immer «in Situationen» — denn auch dort, wohin wir denken,
sind wir in Situationen. Das Bewußtsein, als fünfte Gruppe,
besitzt also die merkwürdige Macht, die gegenwärtige
Situation zu verlassen, andere zu erträumen und vorzustel-
len, Begriffe zu denken usw. Die Dualität von Form und
Gefühl, die Unterschiede in der Wahrnehmung und im
Handeln erhalten im Bewußtsein eine Verdopplung. Das
Bewußtsein verdoppelt die Dualität der übrigen Skandhas
zu einer Art getrennten Gedankenwelt mit eigenen Gegenständen.

C. Könnte man die fünf Skandhas als eine Art Modell ähnlich dem von Körper, Seele und Geist in der alten westlichen Psychologie bezeichnen?

B. In gewisser Weise. Man hat die fünf Gruppen der Skandhas später vielfach zusammengefaßt. In zwei Gruppen: nama-rupa («Name — Form»); hierbei ist nama der zusammenfassende Ausdruck für Gefühl, Wahrnehmung, Handlungsmuster und Bewußtsein, rupa ist das erste Skandha. In drei Gruppen: Körper, Sprache, Geist (kaya — vak — citta); hier ist kaya der Körper, entsprechend dem ersten Skandha Form, vak («Sprache») ist die zusammenfassende Bezeichnung der «Energie», das heißt der Gefühle, des tätigen Unterscheidens und der Handlungsformen, citta («Geist») ist das Bewußtsein. Diese letzte Dreiergruppe «Körper, Sprache, Geist» ist der mittelalterlichen ähnlich,

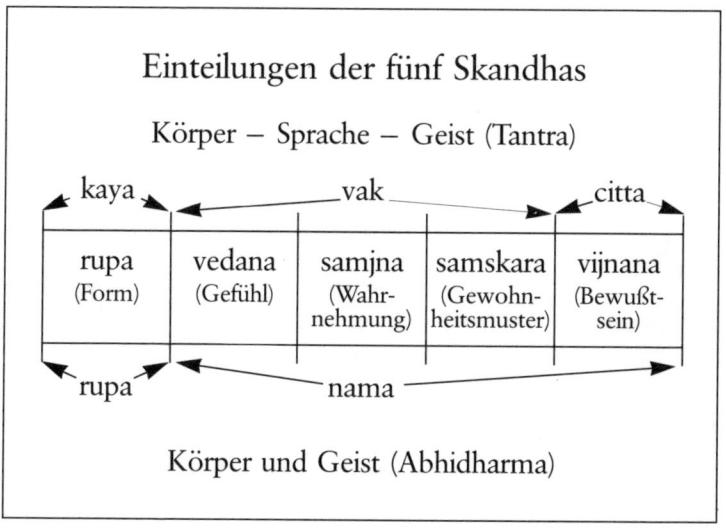

Einteilungen der fünf Skandhas

Körper — Sprache — Geist (Tantra)

kaya	vak			citta
rupa (Form)	vedana (Gefühl)	samjna (Wahr-nehmung)	samskara (Gewohn-heitsmuster)	vijnana (Bewußt-sein)
rupa	nama			

Körper und Geist (Abhidharma)

weil sie «Körper» meist auf den je eigenen beschränkt. Allerdings geht es hier nie um dogmatische Wahrheit, vielmehr um Zweckmäßigkeit für bestimmte Fragen spiritueller Praxis. Die Dreiergruppe wurde vorwiegend im Tantra verwendet.

P. Aber ursprünglich bedeuten die fünf Skandhas nicht eine Einzelperson, sondern vielmehr die Struktur der Welt überhaupt, die Sie als «situativ» bezeichnet haben.

B. Ganz richtig. Und nur über dieses Verständnis wird klar, wie die fünf Skandhas mit der ersten der Vier Edlen Wahrheiten und mit der Leerheit zusammenhängen. Denn Buddha hat gesagt: «Ich verkünde aber, daß in diesem klaftergroßen Leib mit seinem Wahrnehmen und Denken die Welt liegt und die Entstehung der Welt und das Ende der Welt und der Pfad, der zum Ende der Welt führt.»[33]

C. Hier kann ich aber nicht umhin, auf die tatsächliche Differenz zum Christentum hinzuweisen: Der Leib ist für das Christentum wesentlich Kreatur. Er ist Teil der Welt und von Gott erschaffen.

P. Auch ich habe hier einige Probleme. Buddha sagt ja nicht: Die Welt liegt *im* Bewußtsein. Das könnte ich dem Idealismus Berkeleys[34], Kants oder Fichtes zuordnen. Er spricht ausdrücklich vom menschlichen Körper.

B. Buddha spricht hier zusammenfassend, wie Sie aus der Formulierung entnehmen können, von den fünf Skandhas. Sie sind die Welt, das heißt alles, was sich in Situationen zeigt. Und das, was sich zeigt, birgt zugleich Ursprung und Ende, Dunkelheit der Verblendung und den Pfad zur Befreiung. Nichts ist im strengen Sinn «jenseits». Die entscheidende Aussage des Buddha lautet aber: Diese fünf Skandhas sind vergänglich, sie verändern sich beständig. Es gibt kein Bleiben der situativen Struktur. Ihr Wesen ist der Wandel. Und weil dies so ist, ist jeder Versuch, sich auf irgend etwas zu «stützen», es zu «ergreifen» oder «festzuhalten», eine grundlegend falsche Haltung. Sie will halten, was unhaltbar ist, ergreifen, was ungreifbar, feststellen, was keinen Bestand hat. Das eben ist das Leiden: die notwendige, wiederkehrende Ent-Täuschung. Der tiefe Sinn von Leiden ist Vergänglichkeit, und diese Vergänglichkeit der fünf Skandhas wird von Buddha auch so ausgedrückt, daß er sie «als leer, nichtig und wesenlos»[35] bezeichnet. Damit sind, wie gesagt, alle Dinge oder Phänomene gemeint. Ein berühmter Satz lautet in Pali, der Sprache Gautamo Buddhas: «sabbe dhamma anatta», wörtlich: «Alle Dharmas sind nicht-atman».[36] Dharma ist ein schwieriges Wort, in diesem Zusammenhang ist aber die Übersetzung mit «Phänomen» brauchbar. Ein Phänomen ist immer etwas Subjektives und Objektives zugleich. Es ist das, was − bildlich gesprochen − in einem «Bewußtseinsraum» manifest wird. Zugleich sind wir in dieses Blendwerk der Skandhas verwoben. Das bedeutet: Wir sind getäuschte, verblendete Wesen, aber auch: Wir «sind» mittendrin. Nicht-Ich [an-atman] heißt nicht, daß das Ich eine *äußere* Täuschung wäre, wie eine Luftspiegelung. Der Irrtum besteht vielmehr darin, daß wir uns mit den Skandhas «identifizieren», sie ergreifen und durch Begriffe begreifen, während in Wahrheit gilt: «Leer an einem Ich und an etwas zu einem Ich Gehörenden ist die Welt.»[37]

P. Also ist der erste und vorläufige Sinn von Leerheit einerseits notwendig auf die fünf Skandhas bezogen, andererseits hat er die Bedeutung von «nicht bleiben», «vergänglich», «wandelbar», «nicht erfaßbar» usw.

B. Richtig. In der indischen Tradition hat man das Bleibende, Ewige, Beständige mit «Selbstnatur» bezeichnet, mit «atman». Atman ist schwer zu übersetzen. Man kann nicht einfach sagen «Selbst». Denn man spricht in der alten indischen Tradition der Hindus, in den Upanishaden zum Beispiel, auch vom «atman der Dinge». Atman ist das Bleibende, Beständige schlechthin. Aber der atman hat auch den Charakter des Ich-haften. Bemerkenswerterweise ist atman unserem Wort «atmen» verwandt und scheint durchaus diese Bedeutung früher gehabt zu haben.

C. Ich darf hier vielleicht etwas ergänzen. Der um die Jahrhundertwende in Freiburg lehrende Theologe Carl Braig schreibt in seinem Werk «Vom Sein. Abriß der Ontologie»[38] zur Wurzel des griechischen Wortes für Sein: «Die Wurzel in den Formen von *einai* und *sein* lautet *es, as.* [...] Die Grundbedeutung der Wurzel ist ‹athmen›, hauchen, was das skt. *asus* Lebenshauch, *asuras* lebendig, *as asan, asjam,* lat. *as* Mund fast zur Gewißheit macht. [...] Die Wurzel *as, es* bezeichnet, wie das ruhige Athmen, die gleichmäßig fortdauernde Existenz.»[39]

P. Erlauben Sie, hier meine Verwunderung und mein Erstaunen auszudrücken: Carl Braig war doch der erste Lehrer von Martin Heidegger. Diese Herkunft des Griechischen aus dem Sanskrit war Heidegger also bewußt; wenigstens hat hier ein unbewußter Strom weitergewirkt. Zumal «Sein» bei Heidegger in seiner Spätphilosophie geradezu zenbuddhistische Züge[40] erhält. Aber ich will nicht ablenken.

B. Also ist der Begriff «Sein» in Ost und West interpretiert worden als «dauerhaft», «bleibend» — wenn auch in einem lebendigen, dynamischen Sinn, der in der Hindu-Spekulation des «ewigen atman» vermutlich verlorengegangen ist. Der atman ist das die Zeit überdauernde, überlebende Leben (Atem). Die fünf Skandhas (das «empirische» Leben in Situationen) sind aber das schlechthin Vergängliche. Deshalb sagt Buddha: Die Welt ist leer (sunya). Gemeint ist: «Weil sie leer an einem [starren, selbstseienden] atman und etwas dem atman Zugehörigen ist»[41]. Die Lehre des Buddha wird deshalb auch als an-atman-Lehre bezeichnet. Es handelt sich hier um die Aussage, daß weder Form, Gefühl, Wahrnehmung, Handlungsmuster noch Bewußtsein die Natur eines Selbsthaften, Bleibenden, Substantiellen besitzen. Wenn es im Herz-Sutra heißt: «Die fünf Skandhas sind leer», so ist dies keine Hinzufügung des Mahayana, sondern nur der klare Ausdruck der Lehre des Buddha.

P. Sie spielen auf einige westliche Darstellungen an. Aber ich darf daran erinnern, daß auch im tibetischen Buddhismus, nach meiner Kenntnis, gesagt wird, daß im Hinayana nur eine Art der Leerheit verkündet werde: die Leerheit der Person. Erst im Mahayana werde auch die Leerheit der Dinge hinzugefügt.

B. Das ist ganz richtig, zielt aber auf eine spezielle Interpretation des Buddhismus durch die Schule der Vaibasikas.[42]

Wir sollten uns damit nicht aufhalten. Ich möchte nur betonen, daß die Leerheit bereits eine ursprüngliche, grundlegende Lehre des Buddha ist, keine spätere «Theorie». Denn, wie Buddha gesagt hat: «Theorien zu haben geziemt sich nicht für einen Vollendeten.»[43] Leerheit ist keine Theorie, getrennt vom situativen Dasein. Dasein in Situationen, die fünf Skandhas also, heißt, Leerheit zu manifestieren in der Vergänglichkeit. Erleuchtung heißt, dies zu akzeptieren und zu erkennen.

C. Das ging mir viel zu schnell. Ich möchte noch beim Sinn des Wortes «leer» verweilen.

B. Ich muß mich für meine zügellosen Gedanken entschuldigen.

P. Darf ich versuchen, die bislang vorgelegte buddhistische Position zusammenzufassen? Unser Freund erklärte uns die zentrale Bedeutung der Ersten Edlen Wahrheit. Sie besagt, differenziert ausgedrückt, folgendes: Das, was wir «Welt» nennen, ist ein Dasein in Situationen. «Situation» hat viele Aspekte, die sich in fünf Gruppen zusammenfassen lassen, genannt die fünf Skandhas. Ein Grundzug dieser fünf Skandhas ist, daß sie eine vergängliche Natur besitzen. Andererseits haben wir Menschen die falsche Vorstellung oder den Wahn, uns auf etwas Bleibendes stützen zu können. Es gibt aber nichts außer den fünf Skandhas, und diese fünf Skandhas haben keine bleibende Natur; sie sind leer an etwas Bleibendem – wir verwiesen auf an-atman als Begriff hierfür. Die Konfrontation des Wahns, es gäbe etwas Bleibendes, mit der tatsächlichen Vergänglichkeit der fünf Aspekte der

Situation, stürzt die Menschen und andere Wesen in eine unausgesetzte Leiderfahrung, das Erlebnis der unentwegten Enttäuschung. Die letzte Bemerkung, die Sie zu Ihrem «Halt!» bewegt haben dürfte, war dann: Diese endlose Enttäuschung ist zugleich eine Ent-Täuschung. Sie legt offen, daß die wahre Natur der Welt Vergänglichkeit, Bewegung, Dynamik, Zeit ist, nicht aber Bleiben, Statik, «Sein». Und diese Ent-Täuschung ist zugleich ein Aspekt der Erleuchtung, der Einsicht in die Wahrheit der Dinge.

V

C. Auf diese Weise gewinne ich ein gewisses Verständnis. Ich darf vielleicht versuchen, dies theologisch zu kommentieren, und nach Ähnlichkeiten suchen. Ähnlich können Dinge nur sein, wenn sie verschieden sind. Zunächst also die Unterschiede: Im Thomismus — und ich bleibe beim großen katholischen Lehrer, dem hl. Thomas, und bei seiner Schule — akzeptiert man die unabhängige Realität der Dinge und Lebewesen. Es sind selbständige Substanzen, keineswegs leere Täuschungen. Dennoch sind sie nicht *reines Sein*. Sie kommen als Kreaturen aus dem Nichts her, und dieses Nichts zeigt sich an ihrem Wandel. Es ist an den Kreaturen nicht alles wirklich; vieles ist nur möglich. Und was nur möglicherweise ist, kann auch *nicht* sein. Folglich sind tatsächlich auch in unserer Religion das Werden und die Vergänglichkeit Wesensmerkmale alles Seienden. Auch ist nicht bezweifelt, daß das menschliche Dasein leidhaft ist. So sagt zum Beispiel Johannes Chrysostomus: «Die gegenwärtige Welt vergeht, alles dauert nur eine Zeit lang, aber niemand bedenkt das, obgleich die Tatsachen es jeden Tag laut verkünden und ihre Stimme erschallen lassen.»44 Die Menschen ahnen zwar in dieser Vergänglichkeit den Tod, das Nichts, doch sie entfliehen ihm durch vermehrte weltliche Aktivitäten. Oder wie der hl. Augustinus sagt: «Während sie dem Tode zu entkommen suchen, beschleunigen sie ihn.»45

B. Buddha Sakyamuni hätte dies nicht besser sagen können.

C. Wir stehen also beständig in der Möglichkeit des Todes, der Vergänglichkeit usw. Uns steht der Tod *sicher* bevor. Die Tatsache, daß es Kreaturen, Menschen, Tiere, Pflanzen usw. gibt, heißt nicht, daß diese Dinge beziehungslos in einem leeren Raum stehen würden. Das geozentrische Weltbild des Mittelalters ist zugleich ein – wenn ich diesen Begriff aufnehmen darf – «situatives Weltbild». Erde und Mensch in der Mitte, das ist zugleich eine dem Mandala nicht unähnliche Weltbeschreibung. Die entscheidende Differenz sehe ich nicht in der realistischen These des Thomas, daß die Dinge «selbstsubsistierend» existieren, eher darin, daß Menschen nicht ins Leere, ins Nichts zurückstürzen können. Mit Thomas gesagt: «Keiner der Wesensgründe des Menschen fällt durch den Tod ganz und gar ins Nichts.»46 Wenn aber die fünf Skandhas substantiell leer sind, dann folgere ich, daß nach dem Tode der Mensch ins Nichts stürzen muß.

B. Das ist eine, wie ich glaube, naheliegende Interpretation, die allerdings nur möglich ist, wenn man den Buddhismus äußerlich, als «Denksystem» betrachtet, nicht als spirituellen Pfad. Ich möchte nochmals eine Erklärung versuchen: durch die Autorität des Buddhawortes und durch Argumente. Ich beschränke mich zunächst auf den frühen Buddhismus. Buddha wurde tatsächlich dieser Vorwurf des Nihilismus gemacht. Er sagte dazu: Man beschuldigt mich «fälschlich, lügenhaft und unwahr, ich sei ein Nihilist, ich lehrte die Zerstörung, die Vernichtung, die Nichtexistenz des wahren Wesens»[47]. Doch hier stehen wir scheinbar vor einem Widerspruch. Denn bei einer anderen Gelegenheit sagte der Erleuchtete: Es ist nicht möglich, daß ein von rechter Erkenntnis durchdrungener Mönch «etwas für unvergänglich halten sollte» und «etwas für eine absolute Wesenheit halten sollte»[48].

C. Buddha schloß doch ausdrücklich Götter mit in die Vergänglichkeit ein?

B. Das ist richtig. Er bezog auch Brahman, den Weltenschöpfer, mit ein, eben weil Brahman von sich, wie der alttestamentliche Gott, sagt: «Ich bin.» Das von Buddha ausdrücklich nicht als der Vernichtung anheimfallend bezeichnete höchste Wesen, das wir vorher schon mit Dharmakaya umschrieben haben, besitzt keine personalen Kennzeichen im Sinne eines Ich. «Sieh hier die Welt mit ihrer Götterschar», heißt es im Sutta-Nipata, «Ich-loses wähnt sie als ein Ich!»[49]

P. Verstehe ich das richtig: Der entscheidende Punkt — und der Grund des scheinbaren Widerspruchs — ist der korrekt erfaßte Sinn des Wortes «Ich»? Das Ich ist zum einen etwas Abgesondertes und zum anderen etwas Bleibendes. Beides hält Buddha für widersprüchlich und unmöglich.

B. Ich denke, das kommt der Sache sehr nahe. Buddha, der sich gegen Nihilismus verwahrte, sagt ausdrücklich: «Es gibt, ihr Mönche, ein Ungeborenes, ein Nichtgewordenes, Nichtgeschaffenes, Nichtgestaltetes.»[50]

C. Wenn wir vorschnelle Schulabgrenzungen beiseite lassen, dann ist das ziemlich genau die Definition von Gott als Vater oder als Gott-heit. Dieser ist ungeboren, formlos, ungeschaffen, ewig und nicht vergänglich.

P. Verzeihung, wenn ich hier wieder Unfrieden stifte: Aber gibt es nicht noch ganz andere Namen für die Gottheit: Heißt es nicht auch «Mein ist die Rache, ich werde vergelten, spricht der Herr»?[51]

B. Hier muß ich unserem Freund zu Hilfe kommen. Ein rächender Gott ist nicht schön. Aber ist er deswegen schon völlig unsinnig? Im Tantra kennen wir zahlreiche sehr zornige Yidams. Tatsächlich geht man, wenigstens im tibetischen Buddhismus, davon aus, daß sich nach dem Todesmoment gewöhnlich auch sehr zornige Götter manifestieren. Allerdings sehe ich auch eine Differenz zum Gott der Juden: Der Zorn ist eine Täuschung, die jeweils ich selbst erzeuge – und «Ich» ist diese Täuschung. Buddhas Wesen ist Liebe und Mitgefühl. Liebe und Mitgefühl sind Aspekte der Leerheit.

P. Auch hier muß ich skeptischen Protest anmelden: Im Mahayana wurde dieser mitleidsvolle Aspekt betont, aber das Hinayana heißt doch «kleines Fahrzeug», weil seine Anhänger nur auf die eigene Erlösung achten und anderen

Wesen nur nicht schaden wollen. Also ist die «Liebe» kein ursprünglicher Aspekt der Leerheit.

B. Ich gebe zu, daß es Lehrer gibt, die die Sache so darstellen. Doch auch hier sollten wir Schulstreitigkeiten nicht überbewerten. Nicht in einem Mahayana-Text, vielmehr im Pali-Kanon steht: «Was immer es, ihr Mönche, an weltlichen verdienstwirkenden Dingen gibt, alle diese sind nicht wert einen Sechzehntel der herzerlösenden Allgüte. Sie alle überstrahlend, scheint und leuchtet die herzerlösende Allgüte.»[52]

P. Darf ich das dann vielleicht so verstehen: Die Leerheit, das Ungeborene, Ungestaltete, Unvergängliche usw., kann sich einem gewöhnlichen Wesen in verschiedenster Gestalt zeigen. Diese Verschiedenheit kommt aber dann nicht der Leerheit zu, vielmehr ist sie ein Ausdruck unseres verblendeten Geistes, der durch bestimmte Verunreinigungen getrübt ist.

B. Ganz ausgezeichnet.

C. Ich könnte dies für meine Religion so ausdrücken, daß «Zorn» usw. nicht Gott selbst zukommt, sondern von uns als Zorn interpretiert wird. Der hl. Thomas, mein Kronzeuge, sagt hierzu: «So ist die Bestrafung nicht Zeichen dafür, daß in Gott Zorn ist; vielmehr wird die Bestrafung deshalb bei Gott Zorn genannt, weil sie bei uns das Zeichen des Zornes ist.»[53] Ebenso gilt, «daß Haß gegen irgendein Ding Gott nicht zukommen kann»[54].

P. Darf ich, nach dieser Abschweifung, wieder auf die harten Argumente zurückführen ...

C. Ich würde nicht von Abschweifung sprechen.

VI

P. Sei es, wie es sei. Wir gingen in der Darstellung der buddhistischen Leerheit von den Vier Edlen Wahrheiten aus. Bislang haben Sie sich sehr ausführlich bei der Ersten Wahrheit, der vom Leiden, aufgehalten. Tragen die anderen Wahrheiten zur Erkenntnis der Leerheit nichts bei? Die Leerheit, die wir mit den Skandhas in Verbindung bringen, könnte man die Leerheit an Dauer, an Beständigkeit, auch an einer Substanz und einem Ich nennen.

B. Sie haben völlig recht. Die zweite der Vier Edlen Wahrheiten ist für eine Schule des Buddhismus — das Madhyamika und ihm nachfolgend für den tibetischen Buddhismus — zu einer Art Axiom geworden. Überblicken wir die Vier Edlen Wahrheiten aus der Perspektive ihrer vollständigen Beschreibung und Entfaltung im Abhidharma[55] ...

C. ... eine eigentlich zum Hinayana gehörige Lehrauffassung ...

B. ... die aber von fast allen Schulen als Grundlage anerkannt wird. Lassen Sie mich rekapitulieren: Die erste Wahrheit ist, formal ausgedrückt, die Tatsache, daß die fünf Skandhas ebenso die gesamte Welt ausmachen, wie andererseits diese Welt unbeständig und als ergriffene, als Objekt der Verhaftung, leidvoll für die Wesen ist. Die Wahrheit vom Leiden besagt, in ihrem Weisheitsaspekt: Lebewesen zu sein heißt, die Welt als leer an irgendeiner bleibenden Substanz erleben. Die Welt ist unendliche Möglichkeit der Veränderung, des Wandels, der Kreativität. Dinge sind nicht kompakt nebeneinander, wie Ziegel einer Mauer. Sie sind, eben weil sie wie Täuschungen sind, offen, veränderlich. Es werden beständig Grenzen überschritten, weil alle Grenzen Illusionen sind. Grenze heißt: Festigkeit, Unvergänglichkeit usw. Doch so sind die Skandhas nicht, nicht die Formen, die Gefühle, die Gedanken usw. Die wichtigste Grenzziehung ist das Ego. Wir ergreifen etwas als «mein» und unterscheiden es vom «dein» – allerdings beständig bestrebt, unser Territorium auszuweiten. Das ist eine Täuschung, eine Unmöglichkeit. Alles «mein» ist vergänglich, vor allem der eigene Leib, denn es ist nur das Ergreifen und Festhalten von etwas, das nicht ergreifbar und fest ist. Das Ich, das Mein, wird also beständig durchbrochen und überschritten. Darin manifestiert sich Leerheit oder Offenheit der Situationen. Leerheit ist das, was die Grenzen überschreitet. Insofern ist Leerheit Mitgefühl und Liebe: Denn Liebe überschreitet das Ego-Territorium.

P. Ich glaube, jetzt habe ich verstanden, weshalb Ihre Diskussion um das Mitgefühl vorher doch keine Abschweifung vom Thema war. Leerheit im Sinne von «nicht beständig», «nicht abgegrenzt», zeigt sich in der Vergänglichkeit der Dinge. Leerheit ist also nicht einfach ein Vakuum – obgleich das auch eine Leerheit ist –, Leerheit hat einen dynamischen, fast möchte ich sagen: «aktiven» Aspekt. Negativ erfahren, zeigt sich dies als Leiden, positiv als Veränderung, Kreativität usw. Deshalb war wohl die Notwendigkeit entstanden, zwischen der Leerheit des Dharmakaya und der erstarrten Gestalt des Nirmanakaya eine dynamische, energiehafte Vermittlung näher zu bezeichnen: den Sambhogakaya. Bezogen auf die personale Täuschung des Ich ist diese überschreitende «Energie» diejenige Kraft, die die selbsterschaffenen Grenzen des Ich durchbricht. Insofern ist Leerheit, als «Energie», identisch mit Liebe und Mitgefühl. Der Nirmanakaya ist die Manifestation selbst, ein zeitliches Ereignis (wie Jesus oder der historische Buddha). Die Gottheit, nicht personal, oder der Dharmakaya ist die reine Offenheit zu allem, darin aber eher passiv gedacht. Um den Sinn von Leerheit nicht zu verfehlen oder einseitig zu verfestigen, entstand die Notwendigkeit, beides durch ein aktives Prinzip zu vermitteln, christlich und buddhistisch interpretiert als Liebe.

C. Ich möchte zwar nicht in die Situation kommen, daß ein Student in einer traditionellen theologischen Klausur so formuliert, aber ich bin von der Darstellung sehr beeindruckt und kann ihr nicht ohne weiteres widersprechen.

P. Darf ich erneut den Gang unserer Argumente anmahnen. Wir haben nun eine Zusammenfassung der Leerheit aus der Perspektive der Ersten Wahrheit erhalten und eine gewisse Einigkeit auch aus westlicher Sicht darüber erzielt. Schwieriger wird die Sache nun bei der Zweiten Wahrheit — Sie hatten schon Nagarjuna, den Ahnherrn des Madhyamika, erwähnt. Dies gilt allgemein als sehr unverdauliche Kost, selbst für geschulte Philosophen. Ist nicht Nagarjuna eher ein Nihilist, der zu der Folgerung gelangt, daß man überhaupt nichts sagen kann?[56] Mich erinnert das sehr an die Skepsis in der antiken Philosophie, die zu einer Enthaltung von allem Urteil rät.

B. Auch das ist ein naheliegendes Mißverständnis. Sofern man nur sehr traditionelle Lehrtexte über Prasangika-Madhyamika heranzieht, kann man manchmal den Eindruck nicht vermeiden, hier Steine statt Brot zu erhalten. Doch darf man nicht übersehen, daß Argumente nur den Zweck haben – wenigstens in der Schule der Prasangikas, die, «welche Schlußfolgerungen benutzen» –, Täuschungen aufzudecken und Verwirrungen zu beseitigen. Dies ist stets eingebettet in eine Vielfalt spiritueller Praxis, oder anders gesagt: Man kann die Zweite und die Dritte Wahrheit nicht von der Vierten trennen, ohne den Sinn zu verfehlen.

C. Helfen Sie uns auf die Sprünge: Was genau besagt die Wahrheit von Entstehen und Aufhören des Leidens, die Zweite und die Dritte Wahrheit?

B. Sehr kurz gesagt: Die Erste Wahrheit beschreibt die Struktur der fünf Skandhas, die Zweite und die Dritte Wahrheit kennzeichnen die Bedingte Entstehung des Leidens – einmal in Richtung Verursachung des Leidens, einmal in Richtung Aufhebung dieser Verursachung; die Vierte Wahrheit schließlich stellt geeignete Mittel zur Verfügung. Hierzu zählen die Anweisungen des Edlen Achtfachen Pfades, das Erwecken des Bodhicitta-Geistes, tantrische Praktiken und die Methoden der höchsten Fahrzeuge Dzogchen[57] und Mahamudra[58], über die ich naturgemäß hier nichts sagen kann. Traditionell wird gesagt, daß derartige Fahrzeuge nur

49

mündlich weitergegeben werden dürfen. Doch über die Zweite und die Dritte Wahrheit sowie die Vierte Wahrheit in ihrer ursprünglichen Form läßt sich reden.

P. Verstehe ich die Sache richtig, daß die Zweite und die Dritte Wahrheit eigentlich dieselbe Kette der Bedingten Entstehung meinen, sie nur jeweils in anderer Richtung durchlaufen? Der Urgrund ist Unwissenheit, daraus erwachsen bestimmte (unbewußte) Handlungstendenzen, dies läßt Bewußtsein entstehen usw. bis hin zu Geburt, Alter, Krankheit und Tod. Um nun das Übel des Todes, der Krankheit und aller anderen Leiden zu überwinden, muß die jeweils vorausgesetze Bedingung aufgehoben werden. Daraus folgt, daß zuletzt die Unwissenheit aufgegeben werden muß, um den Kreislauf des Leidens zu beenden. Zur Leerheit sehe ich hier allerdings keine direkte Beziehung.

B. Ihre Darstellung ist richtig; diese Kette der Abhängigkeiten findet sich zum Beispiel in dem schon erwähnten tibetischen Lebensrad, das nach traditioneller Überlieferung erstmals von Nagarjuna als Mandala gezeichnet worden ist. Doch für das Verständnis der Madhyamika-Argumentation können wir uns auf eine einfachere Aussage stützen: Was immer existiert, existiert in Abhängigkeit, bedingt durch etwas anderes.

C. Sollen wir «Bedingung» hier im Sinne von Ursache verstehen: Alles, was existiert, ist durch etwas anderes verursacht?

B. Dies ist ein Aspekt der Bedingten Entstehung (von pratityasamutpada). Doch hier ist ausdrücklich anzumerken, daß alles Kausalitätsdenken selbst Teil der Verblendung ist. An Ursache und Wirkung zu «glauben» ist selbst etwas, das überwunden wird durch die Erleuchtung. Aber Ursache und Wirkung bilden nur *ein* Kategorienpaar, das Nagarjuna aufhebt und darin die Leerheit erweist. Er zeigt dies im Madhyamika-Karika ebenso für die Skandhas, die Elemente, Tat und Täter, Ergreifer und Ergreifen, Kreislauf der Wiedergeburten usw. Wichtig scheint mir hier, den Grundgedanken zu sehen, und diesen Grundgedanken möchte ich in dem Wort «bedingt» zusammenfassen: Alles, alle Phänomene, sind das, was sie sind, nur sofern sie von anderem bedingt sind. Sie sind nichts für sich selbst. Anders gesagt: Sein und Nichts sind eine Art Ur-Täuschung, die es durch spirituelle Praxis zu überwinden gilt.

P. Das ist aber doch erst eine relativ späte Theorie, eine *Interpretation* des ursprünglichen Buddhismus und insofern ein neuer Begriff von Leerheit?

B. Ich glaube nicht. Im Samyutta-Nikaya[59] — ein Text aus dem Pali-Kanon — heißt es: «Zwei Dingen ist diese Welt im allgemeinen ergeben: dem Sein und dem Nichtsein. Für den aber, der in der Welt das Entstehen, der Wahrheit gemäß, in rechter Weisheit betrachtet, gibt es kein Nichtsein in der Welt, [...] kein Sein in der Welt. Diese Welt ist alles in allem nur eine Kette von Begehren, Ergreifen, Haften. [...] Zu sagen, daß alles ist, ist die eine Übertreibung; zu sagen, daß alles nicht ist, ist die andere Übertreibung. Diese beiden Übertreibungen vermeidet ein Vollendeter und verkündet die mittlere Lehre: Wenn Unwissenheit da ist, gibt es Sam-skara.» Diese letzte Bemerkung ist die Formel für die zwölf-gliedrige Entstehung in Abhängigkeit. Wir haben es hier also mit dem Kern der buddhistischen Überlieferung zu tun. Eben diese Bedingte Entstehung war es, die Buddha in sei-ner Erleuchtungsschau unter dem Bodhi-Baum zunächst er-kannt hat. Allerdings auf eine sehr tiefe und vollständige Weise. Eben deshalb benötigte die Sangha Jahrhunderte, um die Schattierungen dieses Gedankens herauszuarbeiten.

P. Das ist aber nur eine Behauptung; ich kann das Argu-ment für die notwendige Leerheit aller Phänomene darin noch nicht entdecken.

VII

B. Das Argument ist im Kern einfach: Wenn alles, was ist, nur in Abhängigkeit von anderem «ist» («existiert»), dann ist nichts für sich selbst. Nichts ist «selbstsubsistierend», sich selbst setzend und erhaltend. Also ist alles, negativ ausge-drückt, leer an einer Substanz, an einem Selbstsein. Das We-sen aller Phänomene ist es, abhängig von anderen Phä-nomenen zu sein. Und gerade deshalb sind alle Phänomene als sie selbst leer.

P. Dann hat Leerheit hier einen spezifischen Inhalt: Ge-meint ist «leer an einer Substanz» oder «leer an einer Selbst-natur». Das ist, anders betrachtet, doch wieder die an den fünf Skandhas festgemachte Leerheit: Dort – bei der Betrachtung der Ersten Edlen Wahrheit – hieß es, daß die Skandhas leer an einem atman sind.

B. Das ist korrekt. Nagarjuna betont einen traditionellen Punkt nur besonders deutlich, und der tibetische Buddhismus ist ihm hierin weitgehend gefolgt. Nagarjunas Formel lautet: «Nicht aus sich selbst, nicht aus einem anderen, nicht aus beidem, nicht grundlos sind irgendwelche Phänomene (dharmas) irgendwo entstanden.»[60] Man hat diese Formel auch beschrieben als: Weder Sein noch Nichts, noch Sein und Nichts, noch nicht Sein und nicht Nichts. Dieses Spiel könnte man fortsetzen, und es gibt westliche Logiker, die von diesem Spiel fasziniert sind. Doch das hat mit Buddhismus wenig zu schaffen. Der mittlere Weg bewegt sich zwischen Sein und Nichts – das bedeutet aber nicht, daß dies nun wiederum einfach verneint wird. Es geht darum, die gebräuchlichen, weltlichen Prinzipien aufzunehmen, als wirkende Gedanken im Bewußtsein der verblendeten Wesen, und sie zu Konsequenzen zu führen, durch die der Denkende gezwungen ist, das Festhalten an diesen Denkmodellen aufzugeben.

C. Es geht hier also nicht um Logik, sondern um Hilfe zur Befreiung.

B. Das ist der entscheidende Punkt. Nagarjuna drückt dies so aus: «Das weltliche Prinzip, daß ‹dies in Abhängigkeit von jenem entsteht›, wird nicht verletzt. Aber da das, was abhängig ist, kein Sein für sich selbst hat, wie kann es (dann) existieren? Das ist sicher!»[61]

P. Wenn wir hieraus wirklich eine Sicherheit machen wollen, müssen wir Einwände, die sich dem neuzeitlich-westlichen Geist aufdrängen, erst ausräumen. In der zitierten Formulierung ist mir die Betonung zu stark auf Verursachung gelegt. Die moderne Naturwissenschaft hat längst gesehen, daß es echten Zufall in der Natur gibt — wenigstens ist dies die Auffassung der überwiegenden Mehrheit. Das zufällig entstandene Photon, ein Lichtteilchen beim radioaktiven Zerfall eines Uranatoms, hat keine Ursache. Man kann nicht sagen, wann es entsteht.

C. Wenn ich hier unserem buddhistischen Freund zu Hilfe eilen darf: Dieses häufig vorgebrachte Beispiel trifft nicht den Punkt. Ein Photon entsteht in Abhängigkeit von einem Uranatom, auch wenn wir nicht sagen können, wann dies geschieht; also ist es doch bedingt.

B. Vielen Dank. Ich möchte aber noch viel weiter gehen. Wenn wir irgendein zufällig entstandenes Materieteilchen beobachten, so messen wir es und müssen dafür mitunter erheblichen Aufwand treiben. Dieser «Aufwand», das Labor, die Meßgeräte — all dies sind die Bedingungen dafür, daß das beobachtete Phänomen zutage tritt. Ein «Zufall» ereignet sich in einer bestimmten Situation, zum Beispiel ein geplatzter Reifen beim Autofahren. Das Platzen ist zwar zufällig, und man kann oftmals nicht mit Sicherheit sagen, was dafür die Ursache ist. Aber die Formel von der Bedingten Entstehung besagt ja nicht, daß etwas durch *eine* Ursache entsteht. Jedes Phänomen ist situativ; es manifestiert sich nicht isoliert; die fünf Skandhas bedingen einander. Was «man fühlt, das nimmt man wahr, und was man wahrnimmt, dessen ist man sich bewußt», sagt Buddha im Majjhima Nikaya.

P. Heisenbergs Unbestimmtheitsrelation ist gleichsam der physikalische Nachweis dieser Aussage: Kein Materie-Teilchen kann man in seinen Aspekten (Ort, Energie) isolieren. Genau besehen erweist sich Materie als auf einen Beobachter verwiesen.

VIII

B. Richtig, aber wir sollten uns nicht verzetteln. Ich darf festhalten: Im Buddhismus wird Leerheit vornehmlich dadurch erklärt, daß kein Phänomen, kein Ding für sich selbst, sondern immer in Abhängigkeit, in Beziehung, in Differenz zu anderen Dingen existiert. Tsongkhapa, der große Lehrer der Gelugpas in Tibet, drückt dies so aus:

«Alles ist leer von Selbstnatur,
Und Wirkungen entstehen in Abhängigkeit.
Diese zwei Erkenntnisse ergänzen sich,
Sind sich gegenseitig kein Hindernis, sind sich förderlich.»[62]

C. Hier fällt mir eine unvermutete Ähnlichkeit mit christlich-abendländischem Denken auf.

P. Das würde mich nun allerdings sehr verwundern. Ist nicht gerade die These der substantiellen Natur alles Seienden ein Kernsatz der Hochscholastik? Wie kann es von der

Sub-sistenz, dem Selbst-stand der Dinge, einen Weg zur Leerheit vom Selbst-stand geben?

C. Sie haben auf den ersten Blick natürlich recht. Noch ein so tiefer Denker wie Martin Heidegger, der uns Theologen immer wieder «zu denken gegeben hat», schreibt in seinen späten Tagen: «Die wache Welt ist charakterisiert durch das identisch Sich-Durchhalten der Dinge und der Mitmenschen und wie sie sich darin bewegen.»[63]

B. Aber ist das nicht genau die Täuschung über den «Sinn von Sein», ihn nämlich als «identisch Sich-Durchhalten der Dinge und Menschen» zu deuten?[64]

C. Ich lasse das offen. Richtig ist, daß Thomas das aristotelische Dingmodell übernommen hat. Richtig ist auch, daß die Dinge in der Interpretation des hl. Thomas von einem Stoff getragen werden und durch den Stoff einzelne, individuelle Dinge sind. Insofern könnte man sagen: Der Stoff ist ihre «Selbstnatur», die sich durchhält. Der entscheidende Punkt ist aber: Dinge sind Kreaturen. Sie sind nicht aus sich selbst, sie sind erschaffen. Das unterscheidet die christliche «Philosophie» radikal von allen atheistischen Interpretationen des Aristoteles. Ihr «Stoff-Sein» betrifft gleichsam nur ihre Seite als Phänomen innerhalb der geschaffenen Welt; ihr eigentliches und letztes Sein ist «Kreatur-Sein». Gott hat nicht einen gegebenen Urstoff bearbeitet: «Der erste Stoff (ist) von der allgemeinen Ursache (= Gott) geschaffen.»[65] Kurz gesagt: Dinge haben einen beharrenden, bleibenden Stoff – aber nur relativ zu anderen Dingen und Lebewesen. In sich selbst sind sie Kreatur, geschaffen aus dem Nichts, und insofern haben sie keine «Selbstnatur». Ihr Selbstsein, ihre Stofflichkeit oder Substantialität, ist vielmehr ein «Produkt», etwas Geschaffenes.

P. Gut. Aber dies ist doch eine Sache des Glaubens.

C. Ja und nein. Thomas legt, in Anschluß an Aristoteles, Beweise für das Dasein Gottes vor – und eben diese Beweise kamen mir in den Sinn, als Sie die Leerheit an Selbstnatur demonstriert haben. Der bekannteste der Beweise des Thomas ist der über den «ersten Beweger». Man kann ihn in die folgenden einfachen Schritte zerlegen:

1 Alles, was wir beobachten, ist bewegt.
2 Alles, was in Bewegung ist, wird durch etwas anderes bewegt. Grund: Kein Ding ist zugleich bewegend und bewegt.
3 Damit wird alles Bewegte durch einen Beweger bewegt.
4 Dies kann nicht ins Unendliche fortgehen. Grund: Unendliches kann man nicht in endlicher Weise, wie die Dinge nun sind, durchschreiten. Folglich wäre bei unendlich vielen Ursachen gar keine Verursachung vorhanden.
5 Fazit: Es gibt nur endlich viele Ursachen und damit eine erste.
6 Der erste Beweger heißt aber Gott.

P. Gegen diesen Beweis lassen sich aber erhebliche Einwände vorbringen. Die Hauptschwierigkeit liegt in der unklaren Stellung des Wortes «unendlich». Es wäre nicht auszuschließen, daß es viele erste Beweger gibt. Andererseits könnte die Welt schon unendlich lange existieren, und somit wäre die unendliche Reihe von Ursachen in unendlicher Zeit durchschritten worden.

B. Ich glaube, daß unser Freund eher auf die Ähnlichkeit der Denkform anspielt. Was können wir aus den Voraussetzungen des hl. Thomas tatsächlich folgern? Wenn alles Bewegte selbst durch anderes bewegt ist, dann bewegt sich kein Ding selbst. Definiert man also «Existenz» durch «Bewegt-Sein», dann zeigt sich auch hier, daß es kein Selbst-Sein gibt. Also ist auch «Bewegung» leer oder letztlich eine Täuschung.

P. Ein ganz trivialer Einwand: Es gibt doch zum Beispiel das Auto-mobil, wörtlich: eine sich selbst bewegende Maschine.

B. Diesen Einwand sollten wir ganz schnell vergessen. Keine Maschine kann sich selbst bauen — das ist der entscheidende Punkt. Man könnte Maschinen denken — der Mathematiker John von Neumann hat das vorgeschlagen —, die identische Kopien ihrer selbst herstellen können. Aber auch sie wären erstens von einer anderen, wenn auch gleichen Maschine abhängig, und zweitens müßten sie Material und Energie aus einer Umwelt entnehmen und wären auch insofern abhängig.

P. Ich ziehe beschämt meinen Einwand zurück: Es gibt auch im Computerzeitalter, im Zeitalter der Kybernetik und Systemtheorie keine sich selbst «bewegenden» Maschinen.

Auch Lebewesen sind zwar «selbstbewegend», nicht aber unabhängig. Sie werden aus anderen Lebewesen geboren und ernähren sich von ihrer Umwelt, sind also bedingt.

B. Sehen wir deshalb nochmals den Beweis des Thomas an. Ich habe nämlich eine Überraschung: Er war Nagarjuna bekannt und wurde von ihm widerlegt.

C. und P. Nun sehen Sie uns tatsächlich überrascht.

B. Ich will nicht sagen, daß Nagarjuna Aristoteles, von dem dieser Beweis zuletzt stammt, gekannt hat, was historisch durchaus möglich gewesen wäre. Dennoch sagt er etwas, was für die thomistische Denkform brisantes Material liefert.

C. Ehrlich gesagt, hier schwant mir, angesichts der indischen Debattierkunst, die der mittelalterlichen vermutlich nicht nur nicht nachstand, Unheil.

B. Es geht nicht um Angriffe, wir wollen uns aber von falschen Urteilen befreien. Nagarjuna[66] argumentiert wie folgt: Gott, ein Schöpfer, müßte unbewegt – permanent – sein.

C. Dem ist sicherlich zuzustimmen, denn Gott ist der unbewegte Beweger.

B. Gut. Hier bringt aber Nagarjuna einen äußerst schlagenden Einwand vor: Wenn der unbewegte Beweger Bewegung hervorbringt, muß er sich bewegen.[67]

P. Dieser Einwand ist ebenso verblüffend wie schlagend. Es ist eine Art philosophisches Relativitätsprinzip lange vor Einstein.

C. So leicht vermag ich hier nicht zuzustimmen. Wir sagen die Eigenschaften von Gott nur in einem analogen Sinne aus. Man darf also bei Gott nicht die Vorstellung eines bewegenden Armes oder von etwas Ähnlichem haben. Er hebt ja vom Nichts ins Sein, und diese Bewegung ist nur als metaphorische Bewegung zu beschreiben. Es wird zum Beispiel auch gesagt, Gott sei einfach. Folglich kann er sich nicht zugleich bewegen und nicht bewegen. Diese Wörter treffen auf ihn nicht zu.

B. Verzeihung, wenn ich hier beharre. Denn dies klingt schon ein wenig nach Ausrede. Die buddhistische Position scheint mir hier klar zu sein: Ob wir von Ursache, Bewegung, Bedingung usw. sprechen, stets ist das Argument von einfacher Form. Alles, was ist, *ist* das, was es ist, nur abhängig von anderem. Also ist nichts aus sich selbst irgend etwas, oder anders gesagt: Es ist leer. Also ist «Leerheit» das letzte und höchste Prinzip. «Leer (sunya) hängt nicht von nicht-leer ab, und nicht-leer hängt nicht von leer ab», sagt Nagarjuna.[68] Hier ist also ganz klar diese Schwierigkeit eines unbewegten Bewegers vermieden. Wollte man Leerheit als Schöpfergott interpretieren, von dem die Dinge abhingen als scheinbare Selbstwesen, so würde man eine Beziehung zwischen «leer» und «Sein» herstellen, die sinnlos ist.

C. Ich kann an dieser Stelle nur auf die Übervernünftigkeit Gottes verweisen und sagen, daß letztlich diese Geheimnisse der menschlichen Vernunft unzugänglich sind. Wir sind deshalb auf die Offenbarung und den Glauben angewiesen.

IX

P. Daß uns das nicht zufriedenstellen kann, dürfte einleuchten. Aber ich möchte dem buddhistischen Argument auf andere Weise den Wind aus den Segeln nehmen. Wir haben ein Argument vorgeführt bekommen, das zwar logisch unanfechtbar scheint, zu unserer Erfahrung aber in keinerlei Beziehung steht. Wir erleben und erfahren die Dinge eben nicht als leer, wie immer wir das Wort begreifen. Und wenn nun gesagt wird: Dies sei eben unsere Verblendung, so begibt sich der buddhistische Standpunkt in dieselbe Position wie der katholische: Er verweist auf etwas nicht Denk- und Erfahrbares, nämlich auf den Zustand der Nicht-Verblendung, der Erleuchtung. Wir wissen gerade nicht, da wir verblendete Lebewesen sind, wie Leerheit absolut zu «erfahren» ist.

B. Das ist sehr richtig, und ich möchte hier keinen Appell an den Glauben vorbringen. Auch denke ich, daß unser theologischer Freund zu früh die Debatte aufgegeben hat. Doch zunächst: Sicherlich sind für uns die Dinge nicht «leer» in dem Sinn, daß sie nichtig wären. Wein schmeckt süß oder trocken, ein Tisch ist glatt und hart usw. All das wird durch die Lehre von der Leerheit nicht verneint. Ganz im Gegenteil: Gerade weil der Tisch hart oder glatt und der Wein süß oder trocken ist, deshalb ist er leer.

C. und **P.** ???

B. Was heißt, genau gesagt: Ein Tisch hat diese oder jene Eigenschaft? Er ist hart, relativ zu dem Blatt Papier, das er trägt und auf das ich schreibe; er ist glatt, relativ zu der Hand, die ihn tastet. Das, was er ist, ist genauer gesagt die *Funktion,* die er erfüllt. Es sind dies keine an einem selbst bestehenden Ding anklebende Eigenschaften. Der Tisch ist, was er ist, durch die Funktion, die er erfüllt. Und eine Funktion erfüllen heißt, in Beziehung zu einer Situation, zu anderen Dingen und Phänomenen zu stehen. In Beziehung zu anderem zu stehen heißt aber wiederum: Bedingt sein. Also ist der Tisch gerade dadurch, daß er Funktionen erfüllt, leer an ihm selbst, isoliert von den ihm selbst zukommenden Eigenschaften gedacht.

P. Ist das nun Ihre Interpretation oder ist das traditioneller buddhistischer Lehrbestand?

B. Ich sehe zwar nicht, was das für eine Rolle spielt, kann aber versichern, daß dies genau den tradierten Lehren entspricht. Um aber ein Beispiel zu nennen – der Dalai Lama sagt: «Weil Dinge leer sind, besitzen sie eine Funktion.»[69] Hier betont also der Dalai Lama dasselbe.

P. Ich bemerke hier eine völlig andere Art zu blicken und zu denken, die auf seltsame Weise faszinierend erscheint. Früher schien mir die Redeweise von der Leerheit selbst nur leeres Gerede, nun sehe ich darin einen ungeheuren Sprengstoff. Wenn das alles so stimmt – und ich bleibe hier natürlich sehr skeptisch –, dann hat dies für das gesamte abendländische Selbstverständnis fatale Konsequenzen. Unsere gesamte Philosophie und Wissenschaft sind dann ein Kartenhaus, das zwar *funktioniert,* aber eben deshalb ein leeres, unbefriedigendes Geschäft ist. Schlimmer noch: Der westliche Alltag ist leer, eben *weil* alles so prächtig *funktioniert.* Das ist in der Tat ein «bestürzender» Gedanke. Mich erinnert dies an ein Interview, das Heidegger dem «Spiegel» gegeben hat und das nach seinem Tode veröffentlicht worden ist. Rund um die Fragen der Technik sagt der Reporter: «Man könnte Ihnen doch ganz naiv entgegenhalten: Was soll hier bewältigt werden? Es funktioniert ja alles. Immer mehr Elektrizitätswerke werden gebaut. Es wird tüchtig produziert. Die Menschen werden im hochtechnisierten Teil der Erde gut versorgt. Wir leben im Wohlstand. Was fehlt hier eigentlich?» Und Heidegger antwortet darauf: «Es funktioniert alles. Das ist gerade das Unheimliche, daß es funktioniert und daß das Funktionieren immer weitertreibt zu einem weiteren Funktionieren und daß die Technik den Menschen immer mehr von der Erde losreißt und entwurzelt.»70 Vielleicht sieht Heidegger hier, daß das Funktionieren, gleichsam als Flucht vor seiner eigenen Leerheit, sich immer mehr vervielfältigt und vermehrt. Dann wäre unser ganzer *Stolz,* die westliche Technik, eigentlich unsere tiefste Verblendung, unser tiefster Irrtum. Das ist sicherlich eine «unheimliche», eine bestürzende Einsicht.

X

B. Deshalb hat man traditionell die Lehren von der Leerheit auch sehr geheimgehalten. Man sagt: Wenn der Löwe brüllt, zerreißt es dem Schakal den Schädel. Ähnlich soll es jenen ergangen sein, die erstmals die tatsächliche Tiefe dieser Lehre erahnt haben. «Alle Dogmatiker wurden in Schrecken versetzt beim Löwenruf der Leerheit», sagt Nagarjuna.[71] Und Fortschritt und Technik sind durchaus ein Dogma. Dogmen, an die alle glauben, nennt man «objektive Realität».

C. Nun haben Sie aber, entgegen unserem Vorsatz, doch die Leerheit als ziemlich erschreckende, negative Macht demonstriert.

B. Ich bitte um Verzeihung, doch anders als die großen Lehrer der Vergangenheit bin ich in jeder Hinsicht unvollkommen und sehr gewöhnlich, vor allem mangelt es mir an dem nötigen Mitgefühl.

P. Vielleicht darf ich unserem theologischen Freund etwas zu Hilfe kommen und die Leerheit zu entzaubern versuchen: Wie mir scheint, ist gegen die Argumente Nagarjunas kein Kraut gewachsen. Ich will es auf andere Weise versuchen: Was ist mit unseren bisherigen Überlegungen *wirklich* gewonnen? Anstatt zu sagen: Alles hängt mit allem zusammen — ein Satz, der sogar in Stalins Lehrgang des dialektischen Materialismus zu finden ist —, kann man sagen: Alles ist leer an einer Selbstnatur. Wir haben einen sprachlichen Ausdruck verändert — nüchtern betrachtet.

B. Dem kann ich unumwunden zustimmen. Die Leerheit wäre keine große Sache, wenn wir nicht vom Gegenteil überzeugt wären. Wir glauben an selbstseiende Dinge — vor allem an uns selbst, unser Ich, an das Du (Freund/Freundin/Chef usw.). Wir glauben an die «Festigkeit» und Zuverlässigkeit unseres Jobs, unserer Wohnung, unseres Staates, unserer Automarke usw. Die Leerheit besagt nur: All dieser Glaube ist fundamental eine Täuschung.

C. Unter diesem Aspekt beginnt sich mein vom Löwenruf der Leerheit angeschlagenes Gemüt wieder zu erholen. Sie sagten schon vorhin: Man dürfe die Lehren nicht von der spirituellen Praxis trennen, ohne sie völlig zu verfehlen. Nagarjunas Argumente sollen also nur dazu dienen, denjenigen, die in formalem Denken geschult sind, eine Möglichkeit an die Hand zu geben, die im Denken wirkenden Täuschungen zu durchschauen.

XI

B. Das ist der Kern der Sache. Tatsächlich ist das Denken die Quelle allen Übels, aber auch eine Quelle der Befreiung. Nur darf man Denken nicht in einer philosophischen Form begreifen. Gemeint ist auch das ganz alltägliche, gewöhnliche Denken. Es steckt voller verborgener Täuschungen, und eben diese Täuschungen sind es, die uns in Schwierigkeiten bringen.

P. Jetzt haben Sie aber eine doch auffällige Akzentverschiebung vorgenommen. Nagarjuna spricht allgemein von Dharmas, von Phänomenen und ihrer wechselseitigen Abhängigkeit und damit Leerheit. Sie verändern nun stillschweigend die Betonung und sprechen vom Denken, vom

Geist. Soweit ich informiert bin, ist dies doch eine ganz andere buddhistische Schule, zudem eine, die von Nagarjuna und seinen Anhängern bekämpft wurde.

C. Könnten Sie mir hier auf die Sprünge helfen? Ich weiß nicht, wovon Sie beide sprechen.

P. Wenn unser buddhistischer Freund erlaubt: Das Mahayana, das große Fahrzeug, geht letztlich aus den Schriften hervor, die das Wort des Buddha aufzeichnen. Die Mahayana-Sutren wurden von Nagarjuna im Reich des Nagas als verborgene Texte (Termas) entdeckt. Ich halte dies für blanke Mythologie, aber es tut nichts zur Sache; wichtig ist: Die Mahayana-Sutren kamen erst später zum Kanon hinzu. Das bekannteste unter diesen Sutren ist das «Prajnaparamita-Hrdya-Sutra», das Herz-Sutra. Es enthält als zentralen Gegenstand die Lehre von der Leerheit. Daran anschließend hat sich das Madhyamika Nagarjunas entwickelt. Eine andere Gruppe von Sutren, allen voran das «Lankavatara-Sutra», betont aber einen anderen Aspekt. Zwar findet sich darin auch die Leerheit als zentraler Punkt; weit stärker wird aber die Betonung auf die verblendende Natur des Geistes gelegt. Diese Schule wird nach ihrer Zentralthese «Alles ist Geist» auch «Cittamatrin», die Nur-Geist-Schule, benannt. Hier wird die Leerheit anders erklärt: Alle Dinge sind nur eine Täuschung des Geistes, sie sind nichts anderes als Geist selbst, als eine Projektion des Geistes.

C. Dann wäre dies, soweit ich verstehe, eine sehr frühe Form jener Philosophie, die den deutschen Idealismus (Kant, Fichte, Hegel) geprägt hat.

P. So kann man es sagen, und einige Autoren haben hier einen direkten Zusammenhang — wenn auch natürlich keinen Einfluß, es liegen 1500 Jahre dazwischen — hergestellt.[72]

C. Aber wäre dieser Schule dann nicht jener Vorwurf zu machen, den Heidegger jeder Metaphysik gemacht hat: Man nimmt ein Phänomen, zum Beispiel den Geist, und reduziert alle anderen Phänomene darauf?

P. Soweit ich verstehe, ist dies auch die zentrale Kritik Nagarjunas und der Madhyamikas gewesen. Deshalb bin ich etwas verwundert, daß unser Freund nun doch das Denken als Wurzel von allem erklärt und damit, scheinbar wenigstens, die Position der Cittamatrin-Schule eingenommen hat.

B. Ich finde diese Wendung unseres Gespräches ausgezeichnet. Denn ohne Klärung dessen, was wir mit «Geist» oder «Denken» meinen, ergibt sich auch bezüglich der Leerheit nur Verwirrung. Allerdings müssen wir, bevor ich hierzu Stellung beziehe, vorab einen Punkt klären: Alle buddhistischen Schulen haben nur den einen Zweck, den Wesen zu helfen. Auch die Cittamatrin-Schule hat nur diese Absicht. Sie erhielt übrigens aufgrund ihrer Betonung der spirituellen Praxis auch den Namen: «Jene, die (vorwiegend) den Yoga praktizieren», Yogacarins. Die Zen-Schulen in China und Japan, die Nyingma- und die Kagyü-Schulen in Tibet sind von den Yogacarins sehr stark beeinflußt, und man mag unter ihnen auch gelegentlich mehr oder minder reine Cittamatrins finden.[73] Doch letztlich besteht hier keine

Differenz, wenigstens vertreten die Sutren, die von westlichen Autoren oftmals direkt den Cittamatrins zugeschrieben werden, eine auch von Nagarjuna akzeptierte Position. So heißt es im Lankavatara-Sutra: «Buddha lehrt, daß alle Dinge leer an Selbstnatur sind, leer an ‹Persönlichkeit›, leer an einer Wesenheit und leer an einer getrennten Individualität.»[74] Das ist der von allen Schulen geteilte Standpunkt, die dem Großen Fahrzeug folgen.

C. Heißt das, daß im Buddhismus auch «spätere Offenbarungen», die nicht von Buddha selbst stammen, als authentisch akzeptiert werden? Oder sprechen wir hier noch vom ursprünglichen Buddhismus?

B. Ich verstehe aus Ihrer Sicht die Schwierigkeit, da der biblische Text durch Konzilsbeschlüsse verbindlich festgelegt wurde. Aber auch die christliche Kirche akzeptiert doch die Autorität der Kirchenlehrer; sie zitieren viel häufiger als die Bibel Thomas von Aquin.

C. Sie sehen mich, leicht errötend, zustimmen.

B. Ich neige sehr stark der Nyingma-Schule zu, und in dieser Schule geht man davon aus, daß auch heute noch Buddha aus besonders erleuchteten Wesen sprechen kann. Auch können an geheimen Plätzen noch Texte und andere heilige Gegenstände (Termas) entdeckt werden. Weshalb sollten wir einem Meister wie Dudjom Rinpoche[75] weniger trauen als zum Beispiel Ananda, der Buddhas Wort hörte, oder Nagarjuna, der es, wie auch immer, an verborgenem Platz gefunden hat?

P. Meine Herren, Sie lenken moralisierend mit dem Hinweis auf den Respekt vor großen Lehrern ab. – Möchten Sie meiner peinlichen Frage ausweichen?

B. Ich danke für Ihre Rückerinnerung. Die Nur-Geist-Schule wird tatsächlich kritisiert, wie sie umgekehrt die Madhyamikas kritisiert. Anstatt in Schulstreitigkeiten zu wühlen, sollten wir uns um ein Verständnis des Denkens und des Geistes bemühen.

P. Ich achte aber sehr darauf, daß Sie nicht ausweichen!

B. Gut. Schulen entstanden historisch später; vielleicht sollten wir deshalb kurz zum ursprünglichen Buddhismus zurückkehren und die Sache von dort her aufrollen. Zunächst sind unsere deutschen Begriffe «Geist», «Denken», «Bewußtsein» nicht unproblematisch. Das Sanskrit ist weit differenzierter, zu schweigen von der tibetischen Terminologie.

P. Vielleicht kann ich hier ein wenig, in einer Seitenlinie, beispringen. Einen Begriff «Geist» kannte die griechische Philosophie nicht, wohl aber einen Begriff für Denken. Denken heißt «noein», hat aber zugleich die Bedeutung von «Erkennen». Ein anderes Wort ist «logos», von dem unser «Logik» herrührt. Ursprünglich scheint «logos» mit dem Wort «legen, (auf-)lesen» verwandt zu sein. Man kann in ihm auch die Bedeutung von «sammeln» finden. Also ist Logos das «Versammelnde».

B. Das finde ich äußerst bemerkenswert. Es wäre dann die griechische Entsprechung zu «samadhi», das auch «sammeln» bedeutet, zugleich aber das Wort für meditative Konzentration ist.

P. Später trat dann der Begriff der «Seele» in den Vordergrund. Dieses Wort ist weniger auf das Denken und mehr auf die lebendige Funktion selbst bezogen. Ein beseeltes Wesen ist ein Lebewesen. Hinter Seele verbirgt sich also zugleich das Rätsel von Leben und Tod. Ferner gibt es noch den Begriff des «nous», den man mit Intellekt übersetzen könnte. Das Wort «Bewußtsein» wurde erst sehr spät entwickelt, und zwar vom deutschen Philosophen Wolff als Übersetzung des lateinischen «conscientia», was wörtlich «be-wißt», «mit-Wissen» bedeutet. Man ist sich etwas – in diesem Sinne – «bewußt», wenn man etwas «mit Wissen» verknüpft. «Geist» ist ein schwieriges Wort. Es hat einen substantiellen Beigeschmack: «ein spukender Geist». Es ist insofern der Seele verwandt, bedeutet aber eher etwas «Reineres». Zur Seele zählt man auch Gefühl, Gemüt, Stimmung. Andere fassen aber auch Seele und Denken im Wort «Geist» zusammen. Etymologisch ist «Geist» von befremdlicher Herkunft: Die Wurzel für «Geist» ist «gheis», was soviel wie «erregt, aufgebracht sein, schaudern» bedeutet. Man könnte boshaft sagen: «Geist» ist alles, was der Geistesruhe widerspricht.

B. Das macht ein korrektes Sprechen über die buddhistische Lehre von Denken und Bewußtsein nicht eben einfacher und fordert Mißverständnisse geradezu heraus. Wir kennen wenigstens drei Sanskrit- und entsprechende Pali-

Wörter, die unser Problem umschreiben: vijnana (gewöhnlich als «Bewußtsein» übersetzt), citta («Geist»), nama («das Geistige»). Hier wurde im Abhidharma vieles terminologisch auf sehr subtile Weise festgelegt; ich kann darauf unmöglich eingehen – wenn Sie Lust verspüren, sich etwas verwirren zu lassen, findet sich hierzu einschlägige Literatur.[76] Ich möchte es etwas einfacher versuchen.

C. und P. Wir bitten darum.

XII

B. Im ältesten schriftlich überlieferten buddhistischen Text, dem Dhammapada, lautet der erste Vers: «Den Dingen geht der Geist voran.» Also wird schon im frühesten Buddhismus der Geist (citta) als Quelle der gesamten Erscheinungswelt verstanden. Andererseits sagt Buddha, daß «vijnana [Bewußtsein] bedingt entsteht, daß kein Bewußtsein ohne Ursachen entstehen kann»[77].

P. Ist dies nicht der Widerspruch, der später zur Spaltung in zwei Schulen – die Cittamatrins und die Madhyamikas – geführt hat?

B. So mag es auf den ersten Blick scheinen. Wann entsteht ein Widerspruch? Wenn einem Ding ein Merkmal zugesprochen und gleichzeitig abgesprochen wird. Zum Beispiel in der Aussage: «Diese Tasse ist rund und sie ist nicht rund.» Man könnte zu solch einem Widerspruch gelangen, sofern man «citta» und «vijnana» gleichsetzt – wozu die Quellen uns auffordern. So sagt Buddhaghosa, der Autor des wichtigsten Abhidharma-Textes des südlichen Buddhismus: «vijnana, citta und mano – Bewußtsein, Erkennen und Geist – sind der Bedeutung nach ein und dasselbe.»[78]

P. Aber das stützt doch meinen Vorwurf vom Widerspruch: Einmal wird der Geist als letzte Ursache bezeichnet ...

C. ... was durchaus der christlichen Tradition entspricht, denn Gott ist Geist ...

P. ... zum anderen wird der Geist selbst als bedingt erklärt. In der zwölfgliedrigen Kette des Bedingten Entstehens kommt zuerst Unwissenheit (avidya), dann die unbewußten, karmischen Muster (samskara), dann das Bewußtsein (vijnana). Also ist «vijnana», das Bewußtsein, bedingt entstanden, wie Sie auch zitiert haben. Ein glatter Widerspruch – hier sind Sie überführt.

B. Bevor ich diesen Punkt aufkläre, möchte ich noch einen anderen Aspekt betonen. Auch in einem Hinayana-Text heißt es: «Lauter (rein), ihr Mönche, ist das Bewußtsein, mag es auch getrübt sein durch fremde Schlacken. Lauter, ihr Mönche, ist das Bewußtsein, mag es frei sein von fremden Schlacken.»[79] Man unterscheidet also im Buddhismus zwischen zwei Aspekten des Bewußtseins: dem reinen und dem verunreinigten Bewußtsein. Das ist uralte Tradition. In der Nyingma-Tradition in Tibet unterscheidet man «sems» und «sems nyid». Das Wort «sems» könnte man mit Denken übersetzen, «sems nyid» entspricht dem *Prinzip* Denken oder Erkennen, das auch «rigpa» genannt wird. Aber ich weiß, daß das Wort «Prinzip» sofort eine substantielle Deutung nahelegt, die mitnichten gemeint ist.

P. Diese Unterscheidung wird auch in der westlichen Schulphilosophie vorgenommen. Dort unterscheidet man zwischen Bewußtsein, einem bestimmten Bewußtseinsinhalt, und Bewußtheit, dem Prinzip «Bewußtsein» selbst.

C. Diese Unterscheidung ist aber nicht ohne Probleme, weil «Bewußtheit» meist mit «Ego» gleichgesetzt wird.

P. Ich denke, dies lenkt uns auf die richtige Spur. Im Abendland setzt man Bewußtsein und Ego in der Neuzeit gleich, eingeführt vor allem durch Descartes in seiner Formel «ego cogito», ich denke (erkenne).[80] Man errichtet damit eine Dualität, die in sich selbst doppelt ist. Zum einen spricht man von Ich und Nicht-Ich, zum anderen von Erkennen und Erkenntnisgegenstand. Man tut aber ganz so, als seien «Ich» und «Erkennen» substantiell identisch und als sei das «Nicht-Ich» identisch mit der Welt der Gegenstände. Hegel hat dies zwar aufzulösen versucht. Gleichwohl herrscht bei uns die Vorstellung von «subjektiv = individuell, privat» und «objektiv = gegenständlich, sachlich, dinglich».

B. Ihre Erklärung hilft uns ganz ausgezeichnet. Die eigentliche Schwierigkeit im Verständnis von «Geist», «Bewußtsein» usw. rührt daher, daß uns immer das Ich dazwischenkommt. Im Buddhismus geht man davon aus, daß «Erkennen» tatsächlich eine ursprüngliche «Tatsache» ist. Aber dieses Erkennen ist nicht individuelles, privates Erkennen. Wir erkennen eine gemeinsame Welt, weil sie von gemeinsamem Karma hervorgebracht wird – so lautet hierfür der traditionelle Ausdruck. Wir bewegen uns von Anbeginn in einer erkennenden Sphäre, die man auch als «Bewußtheit» bezeichnen könnte. Das wesentliche Merkmal dieser Sphäre ist ihre Offenheit. Das Entscheidende der kognitiven Funktionen, der erkennenden Funktionen, ist ein Aufnehmen. Und man kann nur etwas aufnehmen, wenn Platz dafür herrscht, wenn «Raum» vorhanden ist. Also eignet dem Erkennen eine – ich will es einmal so ausdrücken – «empfangende Offenheit».

C. Das ist exakt die These des Aristoteles. Aristoteles sagt, daß unser Intellekt ursprünglich leer sei. Er sei wie eine abgewischte Schreibtafel («tabula rasa»).[81] Erst durch die Wahrnehmung wird diese Tafel «beschrieben».

P. Hier muß ich aber eingreifen und erhebliche Bedenken anmelden. Gerade die *Kritik* dieser Idee einer leeren Tafel war das Hauptwerk der gesamten modernen Philosophie. Kant sagt, daß wir an die Welt und ihre Dinge nicht leer herantreten, vielmehr vollzieht sich das Denken in «angeborenen» Kategorien, aus denen wir nicht heraustreten können: Raum, Zeit, Ursache, Wirkung usw.[82] Wem dieser Gedanke zu idealistisch erscheint, dem kommt die moderne biologische Erkenntnistheorie zu Hilfe. Konrad Lorenz erklärt, daß in der Evolution sich nicht nur unsere Organe gebildet haben, sondern auch unsere Fähigkeit wahrzunehmen und zu erkennen.[83] Unsere Raumwahrnehmung zum Beispiel unterscheidet sich von der niedriger Tiere. Es ist unsere biologische Organisation, der Sinnesapparat, das Gehirn usw., dies nur bestimmte Funktionen zuläßt, Funktionen, die wir subjektiv als nicht zu hinterfragende «Gewißheiten» empfinden — zum Beispiel jene eines vor uns ausgedehnten Raumes. Und Maturana und Varela — Varela ist selbst Buddhist und ein Schüler von Chögyam Trungpa — gehen noch einen Schritt weiter: Sie sagen, das Gehirn und das Nervensystem bauen eine völlig autonome Welt auf, die nur zur biologischen Abstammung und zur eigenen Erfahrung eine völlige «interne» Beziehung unterhält.[84]

C. Ist das nicht auch die buddhistische Auffassung? Sie erinnert mich an die Cittamatrins. Diesen zufolge ist ja — wie eben von Ihnen gesagt wurde — auch alles nur eine Projektion unseres Geistes ohne äußere Entsprechung.

P. Ich kann Ihnen hier voll und ganz zustimmen.

B. Verzeihen Sie, wenn ich Ihre Harmonie etwas störe und an den Gang der Argumente erinnere. Was mich an den genannten neueren Ansätzen seit Kant stört, ist die Tatsache, daß sie nicht klar zwischen «Erkennen» und «Ich» unterscheiden. Spricht nicht Kant von einem stehenden und bleibenden Ich, das unser Erkennen notwendig begleitet?[85]

P. Diese Frage ist schwierig und bei Kant selbst unklar; sie wurde von Heidegger einer scharfen Kritik unterzogen.[86]

B. Gut, das führt ins Abseits. Im Buddhismus jedenfalls ist die «kognitive Funktion» nicht an ein Ich geknüpft. Alles, was erscheint, ist notwendig und immer auch «Erkannt-Sein». Im Tantra wird dieses reine, leere, unbestimmte Erkennen immer wieder mit dem Raum in Verbindung gebracht – mit gutem Grund, denke ich. Der Raum erfaßt und umfaßt die Dinge, ohne selbst von ihnen «befleckt» zu werden. Wenn ich einen Tisch an einen Platz in mein Zimmer stelle, dann ist der Raum «besetzt» oder durch ein Ding «verunreinigt». Aber der Raum behält seine Natur, das Ding zu bergen, ihm Platz einzuräumen. Entfernt man den Tisch, so bleibt der Raum völlig offen und rein wie zuvor. Er wurde nicht befleckt. So heißt es im Guhyasamaja-Tantra: «Und wo ruhen der eigene Körper, die eigene Rede und das eigene Denken? Diese ruhen im Raum. Und wo ruht der Raum? Nirgendwo!»[87]

P. Das ist zwar ein aufschlußreiches, keineswegs aber beweiskräftiges Zitat.

B. Tatsächlich gelangen wir hier an einen sehr schwierigen Punkt, der auch innerhalb der buddhistischen Schulen nicht ohne Reibereien abgeht. Die Leerheit, die wir durch Argumente «erreichen», scheint eine andere zu sein als jene, die ich in dem Zitat und dem Hinweis auf den Raum zu umschreiben versucht habe. Diese letztere, kognitive Leerheit, die völlig rein ist, aber zugleich alles erfassen kann, ist nicht logisch zu demonstrieren.

C. Vielleicht können Sie uns aber noch von einer anderen Seite her diese Frage beleuchten und so möglicherweise dennoch etwas ahnbar machen.

XIII

B. Ich möchte es gerne versuchen. Man spricht im Buddhismus von zahlreichen geistigen Funktionen, die sehr genau zu unterscheiden sind. Ich möchte dies nochmals an einigen Ausdrücken des Sanskrit verdeutlichen. Ganz unzugänglich dürfte uns der buddhistische Ausdruck für «erleuchtetes Wissen» nicht sein. Es gibt hierfür zwei für unsere Diskussion gleichbedeutende Wörter: jnana und vidya. Sie bedeuten, nach Auskunft meines Sanskrit-Wörterbuches, beide soviel wie «lernen», «wissen», auch «Wissenschaft».

P. Erlauben Sie zu «vidya» einen Einwurf: Dieses Wort ist auch die Quelle für das griechische Wort «idea». Dieses Wort wiederum ist bekanntlich das Grundwort für Platons Ideenlehre und bedeutet einerseits eine Idee, die wir in unserem Verstand anschauen, dann aber auch − im Sinne von «eidos», «Aussehen» − die Gestalt oder Form der Dinge. Dieses Aussehen wurde in Kontrast gesetzt zu der bloß zufälligen, unbedeutenden einzelnen Erscheinung, dem Phänomen − das, was wir gewöhnlich als «wirklich» wahrnehmen.

C. Der Begriff «idea» gewinnt in der aristotelisch-thomistischen Philosophie eine grundlegende Bedeutung. Er wird lateinisch übersetzt durch «forma» und steht in Kontrast zu «materia». Die Neuzeit hat versucht, alle Form auf Materie zu reduzieren, so daß wir gleichsam durch die Übersetzung von vidya ⇒ idea ⇒ Form ⇒ Materie eine Art Niedergang, kenntlich an der Sprache, beobachten können.

B. Man könnte auch sagen, daß sich das erleuchtete und leere «vidya» mehr und mehr «verdichtet» hat und schließlich zum Gegenteil geworden ist, dem «a-vidya», jenem Wort, mit dem im Buddhismus die Verblendung gekennzeichnet wird.

P. Obgleich ich sie selbst erzeugt habe, darf ich uns doch nach dieser Abschweifung wieder an den Kern Ihrer Auslegung erinnern.

B. Danke. Diese beiden Grundbegriffe «vidya» und «jnana» kehren auf merkwürdige Weise wieder. – Ins Tibetische werden sie übersetzt mit «rigpa» und «yeshe», allerdings ist dort ein gewisser Unterschied in der Betonung vorhanden, auf den ich hier nicht eingehen kann. – Der Vorsatz «vi» hat in Sanskrit Aufforderungscharakter. So heißt zum Beispiel «cint» «denken» als Tätigkeit; «vi-cint» bedeutet «denke darüber nach!» Ebenso hat der Zusatz «vi-» vor «jnana» etwa die Bedeutung von «erkenne klar!» Was bedeutet eine «Aufforderung»? Wir richten unsere Achtsamkeit auf etwas Bestimmtes: Sieh dort, das Auto! Also hat vi-jnana einen einschränkenden Sinn, während jnana umfassend, allseitig verstanden wird. Wenn man also die grundlegende Natur der Leerheit mit jnana identifiziert, so liegt darin eher ein «allumfassend, aber nicht eingeschränkt». Um von der eingeschränkten Blickrichtung, die dem vi-jnana, dem Bewußtsein eigentümlich ist, wieder zum «allwissenden Blick» zu gelangen, bedarf es einer von beiden (vi-jnana und jnana) verschiedenen Form der Erkenntnis oder des Wissens. Diese wird im Buddhismus «prajna» genannt. – Jenes Wort, das den «prajnaparamita-Schriften» den Titel gegeben hat. –

Prajna ist auch «Erkennen, Bewußtsein», jedoch mit einer ganz eigenen Richtung oder Tönung. Prajna ist das Wissen und Erkennen, das das Unheilsame am Denken bemerkt und so umlenkt, daß es zu Befreiung, zur Verwirklichung von jnana führt. Prajna ist deshalb ursprünglich «unterscheidende Weisheit», jene Weisheit, die zwischen heilsam und unheilsam unterscheidet und den Kreislauf unserer Verstrickungen durchtrennen kann.

P. Es ist nicht ganz einfach, Ihnen hier zu folgen. Kann man sagen, daß prajna gleichsam «Samsara» (den Kreislauf der Verblendung)[88] und «Nirvana», die Erleuchtung, das All-Wissen, trennt und durch die Trennung die Erkenntnis herbeiführt?

B. Was Sie hier sagen, ist mehr, als ich sagen wollte. Denn die so angewendete «Praxis» des Trennens von Samsara und Nirvana gehört zu den höchsten tantrischen Fahrzeugen und wird in der Regel nur mündlich gelehrt und weitergegeben.

P. Aber ganz so geheim kann das doch nicht sein. Ich bin durch eine Analogie auf den Gedanken gekommen: Sankara, der Hauptvertreter des Advaita-Vedanta, der hinduistischen Allheitslehre, betont gerade dieses notwendige Trennen zwischen absoluter und relativer Wahrheit als Kern der spirituellen Praxis.

Sie haben recht, auch wenn die Buddhisten der Auffassung sind, daß Sankara recht schamlos bei Nagarjuna und den Cittamatrins abgeschrieben hat.

C. Für mich ist wichtig zu verstehen, wie man dieses prajna erlangt. Ist das etwas, das ich auch in mir habe, oder ist es nur etwas, das durch (ich würde sagen:) «Gnade» erlangt werden kann? Prajna scheint doch ein zentraler Begriff des Mahayana und des Tantra zu sein.

B. Im Kern handelt es sich auch hier um Lehrgut des ursprünglichen Buddhismus. Die vierte der Edlen Vier Wahrheiten, die Wahrheit vom Pfad zur Erlangung der Befreiung, wird im Hinayana gleichgesetzt mit dem Edlen Achtfachen Pfad. Dieser Edle Achfache Pfad – den ich hier nicht vertiefe – läßt sich in drei Hauptelemente einteilen:

prajna – sila – dhyana

Unter prajna versteht man die Pfadelemente «rechte Erkenntnis» und «rechte Gesinnung». Beides könnte man ausdrücken als Einsicht in die Leerheit und die daraus erwachsende allumfassende Güte. Prajna nicht zu besitzen definiert ein gewöhnliches, verblendetes Lebewesen. Deshalb rühmt man schon vor der Entdeckung der Prajnaparamita-Texte im ursprünglichen Buddhismus «jene vom Vollendeten verkündeten Lehrtexte, jene tiefen, tiefsinnigen, überweltlichen, die von der Leerheit handeln»[89]. Die Leerheit «in» den Phänomenen zu erkennen, dies gewährleistet prajna.

C. Darf ich an den ersten Teil meiner Frage erinnern?

B. Richtig: Prajna ist prinzipiell kein den Lebewesen fremdes Vermögen. Alle Wesen sind «leer», sind der Leerheit teilhaftig, positiv verstanden, sind in «einem Raum des reinen Erkennens» manifestierte Formen. Wenn die Lebewesen,

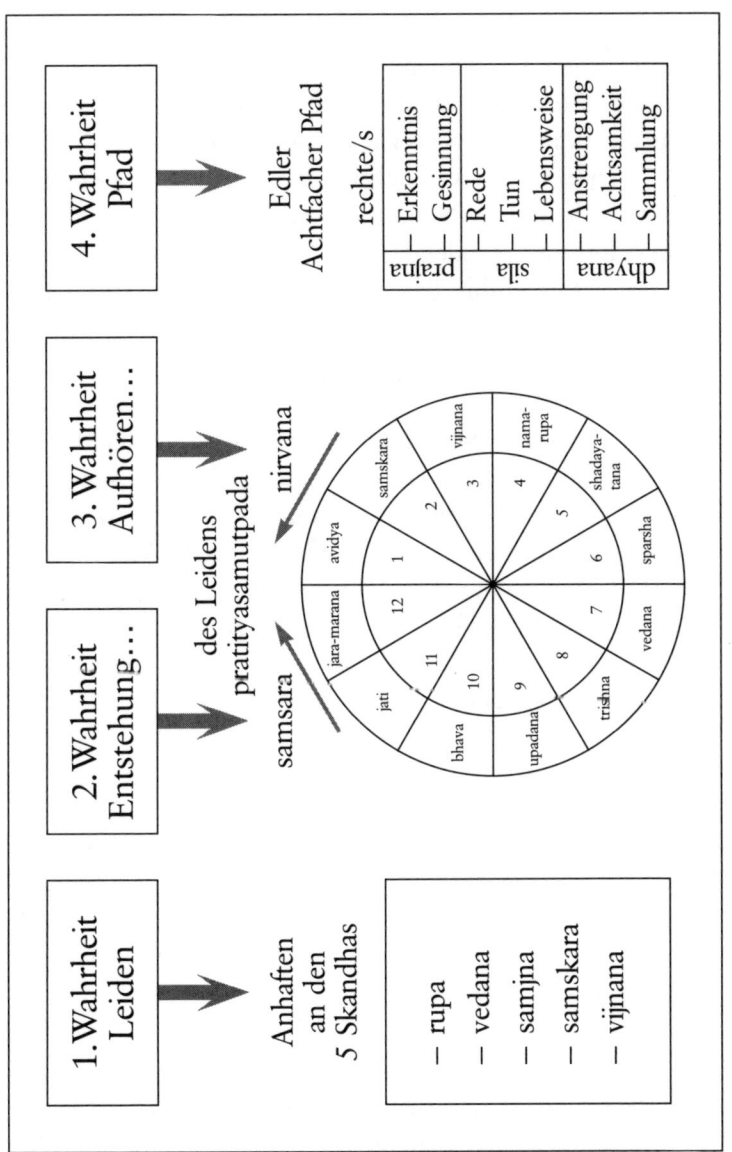

1. Wahrheit Leiden

Anhaften an den 5 Skandhas

- rupa
- vedana
- samjna
- samskara
- vijnana

2. Wahrheit Entstehung…

samsara

des Leidens pratityasamutpada

3. Wahrheit Aufhören…

nirvana

Rad der 12 Glieder:

1 avidya
2 samskara
3 vijnana
4 nama-rupa
5 shadaya-tana
6 sparsha
7 vedana
8 trishna
9 upadana
10 bhava
11 jati
12 jara-marana

4. Wahrheit Pfad

Edler Achtfacher Pfad

	rechte/s
prajna	Erkenntnis
	Gesinnung
sila	Rede
	Tun
	Lebensweise
dhyana	Anstrengung
	Achtsamkeit
	Sammlung

umgetrieben in den Beschränkungen der fünf Skandhas, in Samsara leben, so können sie dies nur, sofern sie ihre Buddhanatur, ihre wahre Weisheit «mißbrauchen». Es gibt also nichts zu erlangen, was wir nicht schon besäßen. Mehr noch: Es gibt überhaupt nichts zu erlangen. Die Leerheit erlangen heißt, die Verblendung verlieren. Was «bleibt», der «leere Raum des strahlenden Bewußtseins» — wobei «strahlen» und «Mitgefühl» dasselbe sagen —, ist immer schon «da».

P. Ich bin beeindruckt von Ihrer Formulierungskunst, möchte aber doch wieder auf die Struktur Ihrer Gedanken zurückführen. Sie sagten zwei Dinge: Einmal ist es eine besondere Fähigkeit — prajna genannt —, die die Trennung von Samsara und Nirvana herbeiführt, die die Verblendung gleichsam durchschneidet. Zum anderen sagten Sie, dieses Potential unseres «Geistes» sei von Anbeginn gegeben. Worin versteckt sich dann dieses Potential? Weshalb benützen es die verblendeten Wesen nicht?

B. Das ist eine sehr gute Frage, und wir sollten sie vor allem uns selbst stellen: Weshalb benützen *wir* jetzt diese Fähigkeit nicht? Aber vielleicht benützen wir sie, nur in einer Form, die uns gar nicht auf den Gedanken bringt, daß wir das tun.

P. Sie sprechen in Rätseln.

B. Sie haben recht. Die unterscheidende Weisheit prajna durchdringt unser gesamtes Denken und Erkennen. Sie ist in den fünf Skandhas gegenwärtig, allerdings auf eine eher dunkle Weise. Das dritte Skandha, die Wahrnehmung, kann als untere Form dieser Weisheit angesprochen werden. Im traditionellen Buddhismus sagt man, daß Wahrnehmung (= sam-jna), Bewußtsein (= vi-jnana) und «erleuchtetes Wissen» (= pra-jna) «im Sinne von Erkennen sich gleich sind»[90]. Alle drei Formen sind gleichsam Ausdruck der erkennenden Wurzel «jna» (= wissen, lernen, erkennen):

- *jna*na   (= grundlegendes Erkenntnisprinzip)
- pra-*jna*   (= unterscheidende Weisheit)
- vi-*jna*na   (= Bewußtsein, Denken)
- sam-*jna*   (= Wahrnehmen)

Insofern ist alles Bewußtsein völlig rein. Wir können dies am besten durch das Wort «Achtsamkeit» umschreiben, jene Achtsamkeit, die das Wesen des Bewußtseins ausmacht. Diese Achtsamkeit findet gleichsam durch die Wahrnehmung Eingang in die fünf Skandhas, wird dabei aber durch die vorgeschobenen Gefühle und Begriffe getrübt.

C. Sie wollen also sagen, daß wir zwar Buddhas sind, aber die Buddhaschaft auf eine verblendete, verdunkelte Weise zur Geltung bringen?

B. Genau das. Betrachten wir das Wahrnehmen als unterste Stufe des Erkennens etwas genauer. Was macht das Wesen der Wahrnehmung aus?

P. Lange Zeit herrschte in Europa, als Erbe der Scholastik, die Schulphilosophie vor, deren Hauptvertreter Christian Wolff war. Dieser Philosoph, der das deutsche Wort «Bewußtsein» in unsere Sprache eingeführt hat, schreibt in seiner «Psychologia rationalis» im § 10: «Wessen sie [die Seele] sich bewußt ist, das unterscheidet sie voneinander.» Damit werden «bewußt-sein» und «unterscheiden» gleichgesetzt. Das wahrnehmende Erkennen ist hierzu gleichsam die elementare Stufe.

B. Also können wir das Unterscheiden als ein wesentliches Element des Wahrnehmens festhalten. In diesem Unterscheiden offenbart sich die seltsame Fähigkeit des Erkennens, Unterschiede erkennen zu können. Gleichwohl ist es gerade diese Fähigkeit, die täuschend wirkt und die ursprüngliche Achtsamkeit verdeckt.

C. Das ist mir nicht klar. Wir erkennen die Unterschiede der Dinge und erkennen somit diese selbst. Einen Unterschied erkennen wir nur, sofern wir das Wesen, die Form eines Dinges erfassen und «abziehen» (abstrahieren) vom Ding in der Erkenntnis. So jedenfalls stellt sich die Sache auf den ersten Blick in der thomistischen Denkweise dar.

P. Es ist aber doch die Frage, ob die Dinge «an sich» gemäß der von uns abgezogenen Formen unterschieden sind oder ob dies eine Zutat des Intellekts ist. So jedenfalls muß die Frage gestellt werden, nachdem Kant unseren Blick hier ausgeweitet hat.

C. Lassen wir Kant beiseite. Wir erfassen ein Ding, wenn wir seine Form erfassen, und eben dadurch erkennen wir sein Wesen − sofern wir es von Zufälligkeiten befreit haben. Das Wesen der Dinge, das, was ihnen ihr Sein verleiht, ist diese Form. Und diese Form «zieht unser Verstand» ab — das ist das Erkennen. Ich sehe einen Tisch und erkenne an seiner Form sein Wesen, nämlich ein Tisch mit diesen und jenen Eigenschaften zu sein.

P. Wenn Sie sich hier darauf beschränken, vom «Wesen» zu sprechen, würde ich Ihnen zustimmen. Wenn ein Kind die Bedeutung des Wortes «Tisch» erlernt, dann wacht es gleichsam zum Wesen des Tisches auf. Es wird des Wesens denkend teilhaftig. Sie wollen aber nicht sagen, die Tischmaterie sende Bilderchen aus, die der Verstand dann empfange und «abbilde»?

C. Obgleich der hl. Thomas vom «Bild» spricht, scheint mir Ihre Darstellung sowohl zutreffend zu sein als auch die Meinung der Hochscholastik wiederzugeben. Ihre Ansicht scheint mir die von Martin Heidegger widerzuspiegeln. Dieser sagt: «Die Behauptung, daß aus der Wahrnehmung und Untersuchung einzelner Bäume logisch, gedanklich auf das ‹Wesen› Baum geschlossen werde, ist eine reine Erfindung. Wenn ich einem Kind sage, dies ist ein Tisch, so wird es wach für die Wesenseinsicht, für den Wesensblick ‹Tisch› und wird beim nächsten Tisch diesen sofort als Tisch erkennen.»[91]

P. Es freut mich, hier Zustimmung zu erhalten. Wir können dies dann so sagen: Der Unterschied, den wir in der Wahrnehmung machen, rührt von der verschiedenen Natur, dem verschiedenen Wesen der Dinge her. Wir erfassen Unterschiede, weil wir verschiedene Wesen (Formen, Gestalten usw.) erfassen. Wir erfassen einen Tisch, einen Stuhl usw.

und können diese unterscheiden, weil wir jeweils das Wesen eines Tisches, eines Stuhls usw. kennen.

C. Aber unser buddhistischer Freund blickt hier auf das äußerste mißbilligend. Wir sollten, trotz der erreichten Übereinstimmung zwischen uns, seine Auffassung hören.

XIV

B. Was Sie eben, anhand des Heidegger-Zitats bekräftigt, formuliert haben, ist vermutlich das, was im Buddhismus als Täuschung bezeichnet wird. An so etwas wie das «Wesen» der Dinge und Lebe«wesen» zu glauben ist Unwissenheit: a-vidya.

P. Das ist zwar beeindruckend polemisch, doch ohne den Schatten eines Beweises.

B. Ich bitte um Nachsicht, doch einen Nachweis werde ich sogleich versuchen. Ich darf Ihre Position so zusammenfassen: Wir erkennen in der Wahrnehmung, und in höherer Form im Denken, *Unterschiede,* weil die Dinge jeweils ein unterschiedliches Wesen haben. Ein Baum ist keine Katze, ein Mensch kein Gott usw. Richtig?

C. und P. Richtig!

B. Ist Ihnen nicht aufgefallen, daß dies eine Tautologie ist? Sie erklären den Unterschied in der Wahrnehmung durch … den Unterschied. Wir erkennen Unterschiede, weil die

Dinge unterschieden «sind». Das Sein der Dinge ist verschieden. Das eine Ding ist dies, das andere jenes. Aber was meinen Sie hier mit «sind»? Welche Bedeutung hat das Wort «ist», wenn man sagt: Das «ist» das Wesen des Dings?

P. Sie wollen uns hier eine Heidegger-Falle stellen und fragen nach dem Sinn von Sein.

B. Ich kenne Heidegger nur sehr flüchtig. Die Frage, die ich stelle, ist die Frage aller Meister des Buddhismus. Was heißt es, von «Sein» oder «Nichts» zu sprechen? Die Beschreibung Heideggers, die Sie zitiert haben, erscheint mir aber keinen Unterschied zur philosophischen Tradition zu machen, die zwischen Wesen und Sein als selbständigen Mächten unterscheidet. Daß jemand zum Wesen eines Dinges erwache, wenn man ihm das Wort ‹Tisch› durch das Hindeuten auf einen Tisch beibringt, ist eine nachträgliche Interpretation.

P. Nun bin ich auch kein Heidegger-Experte, aber mir scheint, daß Sie im *Wesen* das überhören, was zum Lebendigen gehört, das auch «west». Etwas *hat* nicht Wesen, etwas *west;* damit vollzieht Heidegger gerade keine Trennung zwischen Wesen und Sein, und er nimmt an, daß das Wesen, eben weil es «lebendig» ist, sich unaufhörlich wandelt. Sie überhören auch das Wort *Erwachen.* Zu diesem *Lebendigen* wacht man auf, so daß «Wesenserkenntnis» für Heidegger eigentlich *Erwachen-zu-etwas* heißt – ist das nicht auch der Titel für Buddha?

B. So gedeutet, erscheint dieses Zitat allerdings in ganz anderem Licht, und ich bin von dieser Auslegung tief beeindruckt. Vielleicht ist Heidegger tatsächlich gerade *kein* «westlicher» Philosoph im Sinn der Tradition, die das Wesen der Dinge ganz anders auslegt.

P. Das ist sicherlich der Fall, doch würde eine genaue Besinnung über die Philosophie Heideggers, so groß ihre Nähe zu Aussagen des wesentlichen Buddhismus sein mag, unser Gespräch auf ganz andere Bahnen lenken, und wir sollten durchaus beim herkömmlichen «Begriff» verbleiben, der, darin stimme ich zu, einer einzelnen Sache immer *vorausgeht* und von ihr in gewisser Weise getrennt ist. Auch hier gilt doch: Man muß *wissen,* was man betrachtet, um es zu erkennen. Wie sonst würden Sie das sehen? «Ohne Begriffe ist die Anschauung leer», lehrt uns Kant. Sie zielen scheinbar darauf ab, daß alle Dinge bedingt sind und insofern leer — wie wir schon gesehen haben.

B. Nicht ganz. Um es traditionell auszudrücken: Es geht hier um eine Analyse der Wahrnehmung selbst, und diese gehört zum Abhidharma, nicht primär zum Madhyamika; wir bewegen uns hier ganz auf «Hinayana-Niveau».

C. Sie deuten an, daß wir offenbar einen sehr elementaren Fehler machen, einen Fehler, der von Platon bis Kant nicht weniger als die gesamte abendländische Philosophie kennzeichnet. Und diese Kritik soll bereits im Hinayana formuliert sein?

B. So könnte man es sagen. Aber ich will hier keine Gefühle verletzen. Kehren wir zum zentralen Punkt zurück.

P. Ich bitte darum!

B. Bleiben wir einen Augenblick beim Beispiel des Erlernens eines Wortes, zum Beispiel des Wortes «Tisch». Ist Ihnen nie aufgefallen, daß kleine Kinder sehr oft Wörter auch auf falsche oder sehr ulkige Weise verwenden? Jeder fremde Mann ist zum Beispiel ein Onkel, jedes laute Geräusch lockt den Ausruf «Ein Auto!» hervor usw. Was bedeutet das, nüchtern betrachtet, für die Wahrnehmung? Ist das Kind hier «noch nicht» zum Wesen des Autos oder des Onkels erwacht? Oder kann es vielmehr ganz einfach noch nicht sehr differenziert unterscheiden?

C. Das letztere scheint mir durchaus plausibel.

B. Aber dann ist doch die Welt eines Kindes eine ganz andere als unsere Welt. Es sind nicht «dieselben» Dinge, die seine Welt umgeben. Es sind ganz andere Dinge, ganz anders unterschieden. Es gibt darin zum Beispiel drei Arten von Menschen: Mama, Papa und Onkel; oder zwei Arten von Gegenständen: Wauwau und Auto.

C. Sollten wir hier nicht genauer sagen: Es gibt zwar zahlreiche Gegenstände und Menschen, aber dem Kind fehlen noch die Wörter?

B. Das ist eine naheliegende, aber unbegründete Interpretation. Es gibt auch im Handeln des Kindes, das diese Wörter verwendet, keine klare Differenzierung. Jeder fremde Mann ist für es ein Onkel, und es reagiert mehr oder minder gleich auf ihn – es «fremdelt» zum Beispiel. Wenn wir andere Lebewesen betrachten, so wird das noch offensichtlicher. Eine Stubenfliege kann ein offenes Fenster nicht von einem geschlossenen Fenster unterscheiden. Sonst würde sie kaum gegen eine Glasscheibe anrennen, wenn daneben das Fenster offensteht. Mit einem Wort: Das Unterscheiden ist ursprünglicher als die Unterschiede, es geht aus der ursprünglichen Achtsamkeit hervor.

P. Ich glaube zu ahnen, was Sie sagen wollen: Sie wollen sagen, daß wir nicht im Erkennen Unterschiede zwischen Unterschieden machen, sondern umgekehrt: Weil wir *unterscheiden,* gibt es unterschiedene Dinge. Das Unterscheiden ist ursprünglicher als die unterschiedenen Dinge, und unterscheiden heißt eigentlich leben.

B. Genau das will ich sagen.

C. Aber ist das nicht genau jene idealistische Position der Cittamatrins, die Sie so nicht akzeptieren wollten? Das ist doch genau subjektiver Idealismus: Ich schreibe durch mein Bewußtsein der Welt die Strukturen, Gesetze und Formen vor.

B. Nicht «Ich» schreibe irgend etwas vor. Vielmehr lautet die Aussage: Es gibt ein unterscheidendes Erkennen, und dieses unterscheidende Erkennen ist die Quelle aller Unterschiede. Es gibt Unterschiede, weil es ein Unterscheiden gibt.

C. Aber dies ist doch eine Tätigkeit des Geistes, der erkennt.

B. Das ist korrekt. Jedoch ist dieser «Geist» nicht eine individuelle Existenzform, eine Art Nebel in meinem privaten Kopf. Zudem ist das Erkennen zwar der grundlegende, immer gegenwärtige Modus des Unterscheidens, keineswegs aber der einzige. Wenn wir denken, unterscheiden wir Gedanken, wenn wir handeln, handeln wir verschieden, usw. Das «Unterscheiden» ist also ein grundlegendes Prinzip, die Aktivität der Leerheit. Es ist nicht ihr einziges Prinzip, wohl aber das, das beim Wahrnehmen und Erkennen von entscheidender Bedeutung ist.

P. Sie wollen also sagen, daß das Erkennen oder die Achtsamkeit eine grundlegende, alle Dinge und Wesen durchdringende «Natur» ist. Diese «Natur» zeigt sich zwar auch in unserer individuellen Erkenntnis, aber dies ist nur eine Weise ihrer Erscheinung.

B. So könnte man sagen. Die Leerheit weist noch andere Aspekte auf, die wir teilweise schon angesprochen haben: Sie enthält alle Dinge oder räumt ihnen wie ein Spiegel einen «Raum», ein Sein ein – dies nennt man die spiegelgleiche Weisheit; sie zeigt darin alle Dinge ganz genau so, wie sie sind – die alles vollendende Weisheit; sie macht keinen Wertunterschied zwischen den Dingen, denn alle Unterschiede gehen aus der Leerheit hervor – Weisheit der Wesensgleichheit, und schließlich ist die Leerheit der Grund von allem – die Dharmadhatu-Weisheit. Genau betrachtet sind die fünf Skandhas, die Aspekte situativen Daseins, diese fünf Weisheiten in einer «falschen», «verblendeten» oder «verdunkelten» Weise.

C. Hier werden mir die neu eingeführten Begriffe entschieden zuviel. Was Sie sagen wollen, scheint mir zu sein: Es gibt keine unterschiedenen Dinge. Nicht nur, weil sie stets wechselweise bedingt sind, sie sind vielmehr nur das Resultat einer unterscheidenden Weisheit, an der wir auf rätselhafte Weise Anteil haben.

B. Nicht ganz. Natürlich sind die Dinge unterschiedlich. Aber sie sind dies nur relativ zu einem anderen Unterschied. Relativ zu mir und meiner Verkörperung ist dieser Tisch dort hart, glatt usw. Das «Wesen» des Tisches, das sich darin kundtut, ist etwas, das sich für einen relativen «Gesichtspunkt», für mich in der Form meines Körpers, als Unterschied zeigt. Nicht ich, als individuelles Bewußtsein, erzeuge diesen Unterschied. Mein Körper und die ihm angeborene Weise wahrzunehmen ist selbst der festgeronnene Unterschied, der nunmehr erneut Unterschiede macht und wahrnimmt sowie basierend auf dieser Wahrnehmung handelt. Unser Körper ist – so betrachtet – die «angeborene Verblendung». Er ist, modern gesprochen, das Resultat jenes endlosen Prozesses der Verblendung, den man «Evolution» oder Geschichte nennen könnte.

P. Damit ist Ihr Standpunkt gar nicht so weit entfernt von dem der modernen Verhaltensforschung. Konrad Lorenz zum Beispiel spricht von einer Evolution der Erkenntnis und ihrer Kategorien. Wir erben die Erkenntnisformen des Tierreichs ebenso, wie wir ihren Körperbau erben – natürlich modifiziert, wie dies unserer Gattung als Menschen zukommt.

B. Ich sehe wenigstens formell keinen Widerspruch, sondern eine Gesprächsmöglichkeit. Es handelt sich hierbei allerdings um einen Prozeß, der sich in einem «kognitiven» Raum, als Spiel einer erkennend-bergenden Offenheit (rigpa), vollzieht, nicht in einem Raum im Sinne der Physik. Deshalb gibt es, nach buddhistischer Auffassung, nicht einfach eine im Körper dinglich vorhandene Verblendung, sondern auch ererbte geistige Fähigkeiten, die das Resultat der Handlungen in einem früheren Leben sind. Doch dieser Aspekt des Karma kann nicht direkt demonstriert werden und braucht in unserer Diskussion keine Rolle zu spielen.

P. Wenn ich das vielleicht mit meinen Worten zusammenfassen darf: Es gibt im Buddhismus als grundlegendes Prinzip die Leerheit. Diese Leerheit hat wesentlich einen erkennenden Aspekt, den man als Achtsamkeit bezeichnen kann. Im Denken und Wahrnehmen, der Aktivität dieser Achtsamkeit, spielt das Unterscheiden eine zentrale Rolle. Wird das Unterscheiden unverblendet angewendet, um die Leerheit der Phänomene zu erkennen, so spricht man von «prajna». Vollzieht sich dieses Unterscheiden in einer verblendeten Form, das heißt in der uns verblendeten Lebewesen zugänglichen Form, so zeigt es sich als Wahrnehmung (samjna) und Bewußtsein (vi-jnana) …

B. … jeweils noch differenziert nach einzelnen Objekten der fünf Sinne oder des Denkens …

P. … und diese verblendeten Formen sind dennoch nichts anderes als die ursprüngliche Leerheit selbst. Dies alles vollzieht sich nicht getrennt von ihr. Insofern sind also Samsara und Nirvana identisch.

C. Aber das Nirvana ist doch das Heilsziel des Buddhismus? Wie kann man dann sagen, daß die Welt «Leiden» sei und dennoch mit dem Nirvana identisch?

B. Dieser Punkt ist sehr schwierig. Kurz gesagt: Für einen Buddha existiert kein Unterschied zwischen Samsara und Nirvana, für ein verblendetes Wesen existiert dieser Unterschied. Beide aber gründen in einem Urgrund, dem sogenannten Alaya.

P. Ist das nicht ein Ausdruck der Cittamatrins? Sie sagen: Es gibt ein Urbewußtsein, und dieses Urbewußtsein ist identisch mit Nirvana, wenn es nicht getrübt wird, identisch mit Samsara, wenn es durch das Denken verblendet wird?

B. Nicht ganz. Sie sprechen immer noch von einem Bewußtsein, dem alaya-*vijnana*. Tatsächlich vertreten die Anhänger der Nur-Geist-Schule die Auffassung, daß der Urgrund den Charakter eines Bewußtseins habe. Die Nyingma-Schulen des tibetischen Buddhismus, vor allem Longchenpa und Jikme Lingpa, haben jedoch klargestellt, daß dem Urgrund keinerlei Eigenschaft von Vereinzelung, von Unterschied usw. anhaftet, die typisch sind für das vi-jnana.

C. Aber ist dann nicht dieser Urgrund Alaya ein ganz abstraktes Konzept, eine Art dünner Durchschnitt aus Samsara und Nirvana? Oder gibt es für uns hier irgendeine Beziehung dazu?

B. «Alaya» hat auch hier, abhängig von der Blickrichtung, aus der wir kommen, noch einen doppelten Geschmack. Allerdings handelt es sich um einen uns direkt zugänglichen «Zustand». Jikme Lingpa schreibt in dem Tantra «Dzogpachenpo kuntuzangpo»[92] — ich übersetze frei und interpretierend: «Urgrund [Alaya] ist die gemeinsame Grundlage von Samsara und Nirvana. Man kann dies auf eine Situation beziehen, in der die Sinne noch nicht vollständig zu ihren Objekten aufgewacht sind. Die Fähigkeit des Urgrundes, Quelle sowohl für denkende wie auch für spirituelle Aktivitäten zu sein, ist latent in den fünf unbewußten Zuständen. [Damit sind die Abwesenheit von Ideen, das Aufhören der Denkaktivitäten, Ohnmacht, Koma und tiefer Schlaf gemeint.]» Und Jikme Lingpa setzt hinzu: «Den Begriff Urgrund [Alaya] hat man nur eingeführt, um jene Praktizierenden für den Dharma offen zu machen, die dem nihilistischen Extrem verfallen und Zweifel an der Existenz einer reinen Realität haben.»

C. Sie würden aber auch sagen, daß in der Meditation dieser Urgrund zugänglich wird.

B. Nicht zugänglich in dem Sinne, als würden wir in Ekstase geraten — Ekstase heißt ja «heraustreten». Eher in dem Sinne, daß beim Aufhören aller Gedanken eine ursprüngliche Wachheit und Achtsamkeit zutage tritt, die in der Meditation auf unterschiedliche Weise erfahren wird.

P. Und diese Wachheit ist dann die Buddha-Natur, die Erleuchtung?

B. Das, was sich in dieser Meditationserfahrung zeigt, hat immer noch eine bestimmte Tönung oder Stimmung. Man erlebt eine Erfahrung von überwältigender Stille, räumlicher Weite, Licht, Glücksgefühl usw. Diese Erfahrungen sind gleichsam das letzte Hindernis, die letzte Verhaftung. Traditionell ausgedrückt: Wer in solchen Zuständen verbleibt, wird in einem Götterbereich wiedergeboren. Dies sind die «psychologischen Zustände», die Götter kultivieren. Sie sind auch durch Drogen, in Träumen, Visionen und in anderen Grenzsituationen erlebbar. Erst wenn diese letzte «Tönung» zerbrochen wird, tritt das nackte Erkennen, der leere Raum der Achtsamkeit – den man unterschiedlich die «Natur des Geistes», «Dharmakaya», «Alaya» nennt – rein hervor. Um dies allerdings zu erreichen, wird nach traditioneller Überlieferung die Einführung eines Lehrers notwendig. Er zerstört durch geeignete Mittel das Verhaften an den «Glückszuständen» der Meditation und konfrontiert uns mit der einfachen, leeren Nacktheit dessen, das nur sehr schwer benannt werden kann.

C. Hier kommt mir eine Warnung Meister Eckharts in den Sinn. Er sagte einmal über Erlebnisse in der Versenkung: Es kommt mitunter «ein Ausbruch und eine Auswirkung der Liebe, was denn freilich sehr ins Auge sticht als Innigkeit, Andacht und Jubilieren. Aber ehrlich gesagt: Das Beste ist das keineswegs! Denn es stammt mitunter auch nicht aus Gottesliebe, sondern aus bloßer Natürlichkeit, daß man dergleichen schmelzende Gefühle zu kosten bekommt.»[93]

B. Es liegt nahe, daß Meister Eckhart hier dasselbe meint. Jedenfalls sind auch bei der Leerheit zwei Extreme zu vermeiden: das Extrem des Seins — man verwechselt die Leerheit mit irgendeinem Gefühl, einer Erfahrung, einem «Zustand», und das Extrem des Nichts — man verwechselt Leerheit mit Nichtigkeit und sagt, daß alles nichts sei. Im Körper, so drückt man dies im traditionellen Buddhismus aus, kann man nur ein relatives, unvollständiges Nirvana erfahren. Es ist die Erkenntnis der allumfassenden und gewährenden Erkenntnis selbst, jedoch immer wieder zurückgeworfen und begrenzt auf das im menschlichen Leib manifeste Karma. Erst im Tod, beim Parinirvana, ist die Leerheit nackt und rein erfahrbar.

C. Damit kehren wir in gewisser Weise zu unserem Ausgangspunkt zurück: Thomas verteidigt die christliche Lehre, daß man Gott im Leibe nicht schauen könne, obgleich es auch hier zweifellos «Gnadengaben» gibt.

P. Wenn ich mich einmischen darf: Hat nicht der hl. Thomas selbst sein Schreiben aufgrund solch eines tiefen Erlebnisses beendet? Im Protokoll der ersten kanonischen Untersuchung in Neapel, dem Heiligsprechungsprozeß des Thomas, heißt es: Die Mitbrüder waren über die Veränderung seines Zustands besorgt. Seit dem Fest des hl. Nikolaus (am 6. Dezember) im Jahre 1273 «ist er in diesem Zustand, und seit damals hat er nichts geschrieben». Daraufhin berichtet der Mitbruder Reginald, Thomas habe zu ihm gesagt: «Alles, was ich geschrieben habe, scheint mir Stroh zu sein im Vergleich mit dem, was ich gesehen habe und was mir geoffenbart worden ist.»[94] Wirft das nicht auch ein Licht auf die Qualität seiner Schriften?

C. Ich würde sagen: im Gegenteil. Offenbar zeigt sich darin ein Denkweg, der am Ende zu einer tatsächlichen Einsicht führt.

B. Sollten wir nicht, angenommen es ist so, die Elemente in seinem Denken hervorheben, die darauf hindeuten? Könnte nicht die Lehre von der Leerheit hier ein wichtiger Fingerzeig sein?

P. Sie wollen doch nicht Thomas zum Buddhisten stempeln?

B. Weshalb sollte Thomas nicht die Umrisse der Wahrheit in seiner Denkform, der christlichen, erkannt haben? Sektierertum ist dem Buddhismus wesensfremd, auch wenn wir auf scharfe und klare Argumente äußersten Wert legen. Andererseits: Vielleicht kann ich durch Thomas Aspekte erkennen, die mir sonst verborgen geblieben wären.

XV

P. Sie beschämen mich. Ich bin gespannt, was Sie als Theologe zu sagen haben.

C. Tatsächlich hat mir Ihre Darlegung der Leerheit aus der Perspektive der grundlegenden Struktur der Erkenntnis doch einige Analogien aufgedrängt, die ich für bemerkenswert halte. Ich kann mich hierbei auf eine Darstellung der Lehre des hl. Thomas stützen, die vor allem Josef Pieper[95] gegeben hat. Zunächst muß, wie schon mehrmals in unserem Gespräch, betont werden, daß die Dinge in der christlichen Theologie wesentlich durch ihre Kreatürlichkeit charakterisiert sind. Diese Kreatürlichkeit bedeutet, daß sie durch Gott «verursacht» sind, wobei das Wort «Ursache» auch hier nur analogen Charakter hat, das heißt, nicht wörtlich zu nehmen ist. Was Gott erkennt, das erschafft er eben durch seine Erkenntnis. «Da Gott nämlich die von Ihm geschiedenen Dinge durch Sein Wesen erkennt, insofern es als der wirkende Grund ihres Seins ihre Ähnlichkeit ist, so ist notwendig Sein Wesen hinreichender Grund der Erkenntnis aller Dinge, die durch Ihn selbst geschehen.»[96]

P. Damit wollen Sie sagen, daß «Erkennen» – blickt man auf die göttliche Herkunft – eigentlich eine erschaffende Macht besitzt. Oder schwächer formuliert: Das, was wir aus unserer Perspektive das «Sein» der Dinge nennen, ist eigentlich ihr «Erkannt-Sein» durch Gott.

C. Exakt. Von uns Menschen, die wir Ebenbilder Gottes sind, wird gesagt, wir könnten an dieser göttlichen Fähigkeit teilhaben durch unsere Erkenntnis. Allerdings sind wir nicht in der Lage, die Dinge aus Nichts zu erschaffen, wiewohl wir sie, gestützt auf äußeren Stoff, gemäß unserer Erkenntnis verändern können.

P. Aber dann ist «Erkennen» doch in einem ganz anderen Sinn ausgesagt als bei Gott.

C. In einem «analogen» Sinne. Gott nimmt am Sein der Dinge innigen Anteil, sofern er ihnen das Sein verleiht. Wir, die erkennenden Lebewesen, nehmen am Erkannten Anteil. Je reiner ein Wesen ist, desto unstofflicher ist es, desto mehr ist es zur Erkenntnis geneigt. Aber auch wir nehmen in der Erkenntnis geheimnisvoll Anteil an den Dingen. Thomas drückt das etwa so aus: Die natürlichen Dinge, von denen her unser Geist sein Wissen empfängt, sind das Maß unseres erkennenden Geistes; sie selbst aber haben ihr Maß empfangen vom erkennenden Gottesgeist.[97]

P. Damit meint Thomas aber doch nur, daß wir ein «Bild» des Gegenstandes in uns besitzen.

C. Das ist richtig, aber wir sollten die Bedeutung von «Bild» nicht falsch interpretieren. Das Bild des Erkannten ist eigentlich die «species». Die «species cogniti est in cognoscente»[98], die erkannte Wesenheit ist im Erkennenden. Deshalb sagt Thomas auch: «Erkennende Wesen unterscheiden sich von nichterkennenden dadurch, daß letztere nichts als nur ihre eigene Form besitzen. Das Erkennende dagegen ist dazu angelegt, auch die Form eines anderen Dinges in sich aufzunehmen.»[99]

B. Damit ist, auf diese Weise verstanden, im Erkenntnisverhältnis, wie es Thomas versteht, eine Art zuneigender Verbundenheit aller Wesen untereinander ausgedrückt. Das heißt, Erkenntnis ist nicht nur nackte Abbildung, sie ist ein Ineinandersein. Wir «sind», sofern wir erkennen und erkannt sind?

C. Genau das. Pieper, den ich vorher genannt habe, kommentiert diesen Gedanken, wie ich glaube, sehr zutreffend: «Erkennend sein, das heißt: über die eigenen Grenzen hinausgreifen, nicht eingeschränkt sein auf das eigene Wesen, sondern ‹die Form auch des anderen Wesens haben›, das ist: auch das andere Wesen sein. Erkennen ist und begründet die innigste Teilhabe des einen am anderen, die denkbar ist [welcher Sachverhalt auch darin Antwort und Bestätigung erfährt, daß mit dem Namen ‹Erkennen› von der Urzeit her auch die leibliche Vereinigung der Geschlechter benannt wird].»[100]

P. Dieser Gedanke ist in der Tat, rückblickend aus philosophischer Sicht, etwas ganz anderes als die übliche Interpretation einer Abbildtheorie. Gemäß der Bildertheorie entnimmt das Gehirn/der Geist Informationen, die durch die Sinne übermittelt werden, und bildet sie «im Gehirn/im Geist» ab. Dies war der Hauptvorwurf, den die Phänomenologie, besonders die Philosophie Heideggers, der herkömmlichen Erkenntnistheorie gemacht hat: Es widerspricht ganz einfach der Beobachtung — dem phänomenologischen Befund, wie Heidegger sagt —, es so darzustellen, «als würde ich zunächst, wenn ich dieses Haus da sehe, ein Bild in meinem Bewußtsein wahrnehmen, so daß ein Bildding gegeben und dieses Bildding hernach als abbildendes aufgefaßt würde. [...] In der Wahrnehmung ist das wahrgenommene Seiende leibhaft da.»[101]

C. Etwas anderes hat Thomas nicht behauptet — allerdings mit einer Einschränkung. Thomas sagt, wenn wir «abstrahieren», wenn wir also das Einzelding dort vor unseren Augen erkennen, dann erfassen wir es in dessen «Wesensform», in dessen «Wirklichkeit», die immer Form ist, nicht aber in der zufälligen Einzelheit, die der Materie geschuldet ist.

XVI

B. Läge es dann nicht nahe zu sagen, daß Materie nicht als äußere Substanz interpretiert werden darf, sondern das Kennzeichen für etwas ganz anderes ist?

C. Woran denken Sie?

B. Thomas sagt doch, soweit ich Sie recht verstehe, daß das Erkennen eine göttliche Tätigkeit ist, eine zudem, die das innigste Verhältnis, der Liebe vergleichbar, zwischen Lebewesen untereinander und zu anderen Dingen ausdrückt. Gott selbst trennt doch nicht zwischen Form und Materie, wenn er erkennt?

C. Das ist richtig. In Gott ist nichts Stoffliches, er ist reiner Geist. Aber Gott erschafft die Materie, den Urstoff.

B. Lassen wir das einmal beiseite und betrachten nur das reine Verhältnis, das sich unserem Denken zeigt, nämlich, daß wir beim Erkennen durchaus ganz «bei den Dingen» sind, und zwar auf «wesentliche» Weise. Aber was heißt hier «Wesen»?

P. Gemeint ist das Allgemeine, das, was nicht zufällig ist. Der Sprung ist der Tasse dort zufällig eigentümlich, ihre

Form, die den Tee enthält, ist dagegen eine wesentliche Form; sie gehört zur Natur der Tasse.

B. Also zufällig ist das Individuum in seiner Abgrenzung und Besonderheit; allgemein, «wesentlich» ist die Form, die auch vom je anderen erkannt wird?

C. und P. So kann man es sagen. Doch worauf wollen Sie hinaus?

B. Wenn dies zugestanden ist, könnte dann nicht – auch im abendländischen Sinne – erwogen werden, ob «Individualität», «Selbstheit» usw. nicht eine Fehldeutung ist? Es findet gar kein Trennen von Materie und Form in der Erkenntnis statt, weil «Vereinzelung», «Stofflichkeit» usw. eine begrifflich erzeugte Täuschung ist. Anders gesagt: Stoff oder Materie als Prinzip, als jener Grund, der die «Selbstheit», den «Selbstand» (= substantia) der Dinge ausmacht, ist nichts als das Wort für eine grundlegend verkehrte, verblendete Haltung zu den Formen, die rein im Erkennen erscheinen – ganz ohne etwas Materielles, das an ihnen kleben würde.

C. Materie (oder Stoff) ist das «principium individuationis», das, was eine Wesenheit, eine Form zu einem Einzelwesen macht.

B. Also lebt doch die Idee der Materie von der Idee des «Selbstseins», des «abgegrenzten Selbstseins» von Lebewesen oder Ding. Materie ist das, was eine Trennung der Dinge, eine Grenze, eine Schranke errichtet.

P. Und Sie wollen sagen, daß dieses Selbstsein eine Täuschung ist …

B. … wenigstens, wenn man darunter irgendeine einzelne Form meint. Jede Einzelheit ist doch nur einzeln, weil sie von anderem unterschieden wird.

C. Das ist tatsächlich ein Grundbegriff auch der scholastischen Philosophie. Man sagt, jedes Seiende ist ein «aliquid», das bedeutet: «Jegliches Seiende ist ‹etwas anderes›. Das will sagen: Alles, was ist, hat eine Grenze gegen das Andere und ist von ihm abgetrennt.»[102]

B. Hier zeigt sich die täuschende Macht des Wortes «ist». Was heißt: Es «ist» abgetrennt? Trennt es sich selbst ab gegen anderes — dann ist es ein Lebewesen mit einem Ego, das um Grenzziehung bemüht ist. Aber diese Grenzziehung ist Illusion. Was ist schon «mein»? Selbst mein Körper kann einem anderen gehören und von ihm nach seinem Willen verwendet werden. Deine Worte können «mir im Geist herumgehen» usw. Wir übernehmen also die ganze Idee eines «selbständigen Dinges» nicht vom Ding her, sondern vom Gedanken des Ego, des Ich. Ein substantielles Ding ist eigentlich ein Ding mit Ego. Deshalb sprach man in der vorbuddhistischen Philosophie vom «atman» der Wesen und der Dinge — dasselbe Wort wurde zur Bezeichnung dieser Idee des Abgegrenztseins verwendet. Wer oder was vollzieht aber an den «selbständigen Dingen» diese Grenziehung?

P. Müßte man hier nicht christlich sagen: Gott? Denn Gott ist doch der Schöpfer aller Dinge.

C. Das ist problematisch. Denn in Gott sind alle Dinge wesentlich, das heißt in ihrer Form erkannt. Es ist allerdings ein Satz des Dogmas – das muß ich zugeben –, daß Gott auch Einzeldinge erkennt.

P. Doch hier gerade scheint mir Thomas alles andere als sehr klar zu sein. Er argumentiert so: Auch der Stoff wird von Gott geschaffen und ist durch sein Sein Gott ähnlich. Andererseits ist der Stoff für sich nur reine Möglichkeit – wie Mehl ohne Form nur die Möglichkeit zu zahllosen Broten und Brotformen darstellt –, während Gott reine Wirklichkeit ist.

C. Thomas kannte diesen Einwand und sagte darauf: «Mag auch der Stoff aufgrund seiner Eigenart als reine Seinsanlage keine Ähnlichkeit mit Gott haben, so behält er doch noch, sofern er wenigstens auf diese Weise Sein hat, eine Ähnlichkeit mit dem göttlichen Sein.»[103]

B. Hier zeigt sich, daß Thomas offenbar die Bedeutung des Wortes «ist» und «sein» nicht völlig geklärt hat – ähnlich dem «unendlich» in dem eben kritisierten Gottesbeweis.

C. Sie spielen auf Heideggers Vorwurf der Seinsvergessenheit auch in der Theologie an?

B. Nicht direkt, ich erinnere an Nagarjuna, schließe aber nicht aus, daß Heidegger diesen Punkt ebenso gesehen hat.

Wie kann von einer «Ähnlichkeit» zwischen Gott und dem Stoff gesprochen werden? Oder meint Thomas hier wieder eine vage «Analogie»?

C. Nein, Thomas spricht ausdrücklich – wie ich der zitierten Stelle entnehme – von «simulitudinem quamdam retinet divini esse», von einer «Ähnlichkeit mit dem göttlichen Sein».

B. Wie also kann der Stoff dem Geist ähnlich sein, wenn er zuvor als das Nichtgeistige begriffen wurde? Anders gesagt: Gott ist reine Wirklichkeit.

C. Und der Sinn von «Wirklichkeit», reines Sein, ist zeitlich gedacht als «unveränderlich sein». Wie sagt doch Thomas: «Gott allein ist ganz unveränderlich. Alles Geschaffene aber ist in irgendeiner Weise der Veränderung unterworfen.»[104]

B. Dies stützt meine These: Der Stoff ist geschaffen und als Geschaffenes nicht unveränderlich. Wie kann er Gott ähnlich sein?

C. Es handelt sich hier eben um eine Ähnlichkeit im Sein, nur sofern Stoff und Gott *sind,* sind sie ähnlich.

B. Das ist, mit Verlaub, doch ein Trick. Das Argument lautet hier, genau besehen: Wenn der Stoff Gott *ähnlich* ist, dann *ist* er ihm irgendwie ähnlich und nicht das Gegenteil. Die ganze Idee eines «Stoffes» als Träger und Seinsgrund der sichtbaren Formen ist unhaltbar. Stoff gibt es vielleicht in einem relativen, funktionalen Sinn: Stoff ist das Mehl für das

Brot, der Stein für den Bildhauer usw. Aber Mehl und Stein sind nicht formlos. Entweder der Stoff hat eine Struktur, eine Form, dann ist er noch nicht reiner Stoff – oder er hat keine Form, dann gibt es keine Kenntnis und Erkenntnis von ihm …

P. … und wir landen bei der Kantschen These der unerkennbaren «Dinge an sich». Vor dieser Schwierigkeit stehen die Naturwissenschaften ganz praktisch: Kaum hat man ein Element postuliert, zum Beispiel das Atom, erweist es sich selbst als geformt und damit aus Teilen zusammengesetzt, aus Protonen, Neutronen, Elektronen. Betrachtet man diese als elementar, so haben sie dennoch Eigenschaften, die irgendwann zur weiteren Unterteilung in Quarks und Leptonen führten usw. Ich sehe hier kein Ende.

B. Exakt das ist der Vorwurf von Nagarjuna.

C. Ihr Kronzeuge scheint im zweiten Jahrhundert schon die moderne Physik gekannt zu haben!

P. Bitte, wir wollen nicht polemisch werden. Übrigens hat auch Hegel längst vor Werner Heisenberg, Niels Bohr und anderen Physikern gesagt: Der Verstand bestimmt die Eigenschaften der Dinge als sich gegenseitig ausschließend: «Entweder ist die Materie schlechthin kontinuierlich oder punktuell. Sie hat aber in der Tat beide Bestimmungen.»[105]

B. Weshalb sollte Nagarjuna nicht die moderne Physik in ihren logischen Grundzügen schon erahnt haben? Sie wurde doch von Menschen erdacht, und den menschlichen Geist kannte Nagarjuna wie kaum ein anderer. Aber nun zu seinem Argument. Er sagt: «Wenn du durch schrittweise Teilung analysierst, findest du, daß selbst Atome Teile besitzen. Das, was in Teilen analysiert werden kann, wie kann das logisch ein Atom sein?»[106]

P. Langsam, das verstehe ich nicht ganz. «Atom» bedeutet im logischen, nicht im physikalischen Sinne doch letztes Teilchen. Wie kann ein letztes Teilchen Teile haben?

B. Das letzte Teilchen dient doch den Materialisten zur Erklärung der Welt ohne Heranziehung von «Formen», «geistigen Prinzipien» also.

P. Das ist richtig.

B. Dann ist das Atom entweder eines oder viele. Wenn es eines ist, ist es unteilbar und unbeweglich, denn Bewegung und Veränderung kann nur an Teilen gedacht werden. Wie kann es dann die Ursache von Bewegung sein? – Wir erhalten dieselbe Schwierigkeit wie bei einem unbewegten Schöpfergott. – Wenn es *viele* Atome sind, dann unterhalten sie Beziehungen untereinander, zum Beispiel räumliche Beziehungen. Diese Beziehungen sind die Eigenschaften der Atome. Die Eigenschaften der Atome sind aber nicht die Atome selbst, sondern Aspekte oder «Teile» der Atome. Also hat ein Atom immer Aspekte oder Eigenschaften und ist deshalb gerade kein Atom.

C. Wollen Sie dann sagen, wie der Platonismus, daß nur die Formen oder Ideen real sind?

XVII

B. Nein, auch das will ich nicht sagen. Jede Form ist Erscheinung, damit Objekt eines Bewußtseins oder erkannte Form. Sie *ist* nicht «geistig», wohl aber ist sie in einem verblendeten Erkenntnisverhältnis unterschieden von anderen Formen. «Geist», «Gott», «Materie» sind nur Wörter. Denken, und damit Form, «ist nicht getrennt von seinem Namen», sagt Nagarjuna.

P. Nun bin ich aber enttäuscht. Sie vertreten einen blanken Nominalismus: Alle Formen sind bloße Namen.

B. «Bloßer Name» ist auch nur ein Name. Sicherlich haben Wörter in der Erkenntnis ihre Funktion, sie bezeichnen aber nichts Abgetrenntes, für sich Seiendes, auch keine Wesenheiten …

C. … womit wir erneut bei dieser Frage landen.

P. Doch nun wird die Sache klarer definiert. Unser Freund muß uns nun nämlich genau erklären, wie es «bloße Namen» fertigbringen, auf verständliche Weise Formen zu bezeichnen — und im Alltag tun das die Wörter, und es ergibt sich kein grundsätzliches Problem.

B. Ich danke Ihnen für diese Frage. Gewöhnlich sagt man: Ein Name steht für eine Sache, er bezeichnet etwas; zum Beispiel das Wort «Tisch» diesen Tisch dort.

C. Hier stehen wir, wenn ich unterbrechen darf, vor einer uralten Frage der mittelalterlichen und früheren Philosophie: Gibt es allgemeine Formen, Wesenheiten außerhalb der Dinge, in den Dingen, oder sind es bloße Namen?

P. Wobei «allgemeine» Formen das sind, was vielen einzelnen Dingen gemeinsam zukommt, zum Beispiel die Form eines Tisches an diesem Tisch hier, jenem in meinem Arbeitszimmer, im Restaurant usw. Die Frage lautet also: Gibt es ein gemeinsames, allgemeines «Tischwesen»? Wenn ja, wo oder wie ist dieses «Tischwesen»? Ist es irgendwo in einem Jenseits und spendet den sinnlichen Dingen nur das Licht – so sagt Platon –, ist es real in den Dingen – so sagen Aristoteles und Thomas –, oder ist es nur eine nachträgliche Konstruktion des menschlichen Verstandes, ist es also bloß ein «Name» – so sagen Empirismus und Nominalismus.

B. Ich kenne diese Fragen des sogenannten «Universalienstreites». Diese Fragen wurden im 4. Jahrhundert u. Z. in der Diskussion mit der indisch-philosophischen Samkhya-Schule entwickelt und klargestellt. Der Buddhismus hat darauf eine völlig andere Antwort.

C. Das scheint mir schon logisch unmöglich: Wo auch immer, alle logisch möglichen Antworten, die eben am Beispiel des Tisches geschildert worden sind, wurden in der Philosophiegeschichte schon vorgebracht.

B. Wenn wir «Einzelding» und «Form» als selbstseiende Wesen schon voraussetzen und dann ihre Beziehung diskutieren, dann haben Sie zweifellos recht. Genau das tut aber der Buddhismus nicht. Die Trennung von Einzelding und Form, von Form und Wort ist ein Moment im Prozeß der Ich-Täuschung. Weder besitzen die Einzeldinge noch die allgemeinen Formen eine selbständige, bleibende oder vergängliche «Existenz», etwas also, wodurch sie sich selbst bestimmen und definieren.

P. Aber Sie müssen erklären, wie wir es fertigbringen, mit Worten die Dinge zu bezeichnen, und auf diese Weise in der Welt «funktionieren» – auch wenn dieses Funktionieren dann als Spiel der Leerheit erkannt werden kann. Ihre Erklärung muß jetzt noch elementarer werden.

B. Richtig, das muß und kann erklärt werden. Die buddhistische Logik[107] sagt: Ein Tisch kann durch das Wort «Tisch» bezeichnet werden, weil er von Nicht-Tisch unterschieden wird. Der Tisch ist, was er ist (Wesen), nur dadurch, daß er von allem anderen unterschieden wird. Ein Kind, das das Wort «Tisch» erlernt – wir diskutierten dieses Beispiel bereits –, lernt anhand dieses Wortes, in der Wahrnehmung einen Unterschied zu machen. In den tausend Handlungen im Umgang mit Tischen sammelt es Erfahrung, das heißt eine Erinnerung an viele Situationen, in denen solch ein Unterschied gemacht wurde. Die Summe der Erinnerungen ist das als Gedächtnis wirkende Karma. Bei jedem neuen Tisch wird durch das Wort diese ganze Kette der Handlungen wachgerufen, «evoziert». Auf diese Weise trennt sich das Denken immer mehr vom tatsächlichen Wahrnehmen, wir sehen immer mehr nur das, was wir schon wissen. All dieses Wissen, diese Tatsache, daß wir immer mehr zu Experten im Umgang mit Tischen werden, verhindert, jeden neu wahrgenommenen Tisch in seinem einfachen Phänomen zu sehen. Wir schränken unsere Möglichkeiten also immer mehr ein. Wir entfernen uns von der Offenheit der Situationen und den vielfältigen, unverwechselbaren Wahrnehmungen dessen, wie die Phänomene sich zeigen. Kurz: In uns entsteht mehr und mehr tatsächlich ein «Wesen» des Tisches, ein Wust von Erinnerungen, von Handlungen, in die Tische einbezogen waren. Und dieser Wust ist unsere Verblendung. Sie wirkt durch Gewohnheiten, Denken, Sprechen usw. – sie wirkt durch den Prozeß der fünf Skandhas. Es gibt also – in gewissem Sinn – doch so etwas wie ein «Wesen» des Tisches; aber dieses Wesen ist täuschend und leer. Anders gesagt: Es ist die kristallisierte Erfahrungsgeschichte des Unterscheidens, bei dem das Wort «Tisch», gesprochen oder gedacht, eine Rolle gespielt hat. Dies erzeugt in unserem Erleben und Denken eine zweite, duale, scheinhafte und innere Welt, die sich vor unsere Wahrnehmungen schiebt und in unsere Handlungen einmischt. Diesem Wort entspricht das gesamte Karma unserer Handlungen mit Tischen – und das ist das «Wesen».

P. Ist das wirklich so einfach? Wenn ich einmal einen Tisch sehe, so weiß ich später, was ein Tisch ist, und erkenne ihn wieder. Das kann nicht dadurch geschehen, daß ich mich an eine besondere, erste Situation erinnere. Denn der neue Tisch ist vielleicht ganz anders. Dennoch kann ich ihn als Tisch erkennen. Folglich gibt es doch so etwas wie ein Wesen des Tisches, das von konkreten Erfahrungen verschieden ist. Das bloße Unterscheiden reicht hier nicht aus. Man muß wissen, was unterschieden wird. Man muß den Tisch kennen, das heißt sein Wesen erfassen, um ihn später wieder-erkennen zu können. Das scheint mir der Kern von Platons Überlegung zu sein.

B. Das scheint mir eine Täuschung zu sein. Wie oft sind wir als Kind in der Bezeichnung von Dingen gescheitert? Das haben wir wohl vergessen, aber wie oft hat unsere Mutter gesagt: «Dummer Bub, das ist kein Tisch, das ist ein Stuhl.» Wir haben also gelernt, einen Tisch zu unterscheiden. Wodurch? Dadurch, daß wir lernten, was alles *kein* Tisch ist, daß wir Unterschiede machen lernten. Und noch heute werden Sie zahllose «Grenzfälle» finden, wo Sie nicht wissen, ob es sich um einen Tisch oder ein hervortretendes Stück einer Steinmauer, um einen gefällten Baum oder einen Picknicktisch usw. handelt. Diese Unschärfe in der Bezeichnung — die wir durch eine funktionierende, genormte Welt vergeblich bekämpfen — ist ein Nachweis für das oben Behauptete. Das Unterscheiden zwischen Tisch und Nicht-Tisch muß immer wieder neu vollzogen werden. «An sich» gibt es kein Wesen des Tisches, es ist leer. Wir stoßen immer wieder auf Offenheit, Unschärfe der Begriffe, auf Weite — wir stoßen also auf die Leerheit, auf den Wandel und wollen uns dagegen mit Begriffen, mit festen Definitionen stemmen. Zudem mischen sich hierbei mehr und mehr unsere Erfahrungen und Vorurteile ein: «Für mich, also für mich ist das kein Tisch, sondern die Ausgeburt eines kranken Designer-Gehirns», oder: «Das ist kein Tisch mehr, das ist eine göttliche Inspiration, das ist Design in Vollendung.» Solche Alltagssprüche verraten sehr viel über «das Wesen».

P. Auf gewisse Weise gibt es also doch ein Wesen, und auch das von Ihnen erklärte «Wesen der Einzeldinge» hat ähnliche Züge wie die Idee bei Platon. Sagt doch auch Sokrates im Dialog Phaidon: Die sinnlichen Dinge «kannst du doch anrühren, sehen und mit den anderen Sinnen wahrnehmen; aber zu jenen sich gleich seienden Wesenheiten kannst du doch wohl auf keine Weise irgend anders gelangen als durch das Denken der Seele selbst, denn unsichtbar sind diese und werden nicht gesehen»[108].

B. Das ist tatsächlich in gewisser Weise richtig. Aber kommen wir durch das Denken «zu den unsichtbaren Wesenheiten»?

P. Soweit ich Ihre Darstellung verstehe, können wir Erinnerungen wachrufen oder Wörter aussprechen und denken.

B. Man erinnert sich immer an eine konkrete Situation oder an einen ihrer Aspekte. Man tritt also nicht durch das Denken aus der Erfahrung heraus in eine reine Welt, sondern landet, sich erinnernd, immer nur wieder bei gewöhnlichen, ich würde sagen: «verblendeten» Situationen. Das gilt auch für Wörter. Sie sind auch nicht rein und klar oder das Anzeichen irgendeiner Vollkommenheit. Auch bei Wörtern können wir uns täuschen; wir müssen sie klar schreiben oder aussprechen; das heißt, auch die Wörter haben kein reines Wesen, das als eine Art Weltsubstanz (logos) begriffen werden könnte. Wörter sind geradezu in höchstem Maße der Ausdruck der Verblendung.

C. Aber das scheint mir eine sehr moderne, linguistische Interpretation zu sein. Buddha sprach doch nicht von Verblendung im Sinne einer durch Sprache und Wörter erzeugten Täuschung?

P. Hier hege ich auch Bedenken, ob unser Freund uns nicht, unter einem buddhistischen Mäntelchen, die Philosophie Wittgensteins verkaufen möchte.

B. Es gibt vielleicht eine gewisse Gemeinsamkeit zwischen der Spätphilosophie Wittgensteins und dem Buddhismus.[109] Aber ich darf Sie daran erinnern, daß in der Bedingten Entstehung, die zur Erklärung der Verblendung dient, die ersten vier Kettenglieder heißen: 1. Unwissenheit, 2. Gewohnheitsmuster (karmische Tendenzen), 3. Bewußtsein, 4. Name und Form (nama-rupa). Hier sehen wir also, daß die Unwissenheit (avidya) näher bestimmt wird als Karma, die Gewohnheiten, die wiederum den Grund abgeben für das Unterscheiden des Bewußtseins. Und diese Dualität wird näher erläutert durch das Begriffspaar «nama-rupa», Name (Wort) und Form.

P. Sie wollen also sagen, daß die Dualität von Form und Wort ein Kernstück schon des frühen Buddhismus ist?

B. Richtig. Buddha hat die zentrale Rolle der Wörter im Prozeß unserer Verblendung klar betont, bei der Verkündigung aller drei Fahrzeuge. Es gibt übrigens im frühen Buddhismus mehrere Formulierungen der Bedingten Entstehung. In einigen Sutren setzt Buddha mit seiner Erklärung nicht bei der Unwissenheit ein, sondern bei einem Teufelskreis, dem von vijnana (Bewußtsein) und nama-rupa. Im Digha-Nikaya sagt Buddha: «Bewußtsein ist vorausgesetzt, daß Name und Form ‹ist›, und wieder hervor kehrt dieses Bewußtsein aus Name und Form.»[110] Bewußtsein ist also in gewisser Hinsicht der duale Prozeß aus Wahrnehmung von Formen und ihr Be- und Ergreifen durch Wörter. Man kann ferner daran erkennen, daß Karma und Unwissenheit sehr dynamisch verstanden werden: Es ist das Wechselspiel zwischen Bewußtsein und der denkenden und wahrnehmenden Unterscheidung von Wörtern und sinnlichen Formen.

P. Nach meiner Kenntnis ist aber doch «nama-rupa» auch in anderen, nichtbuddhistischen Texten einfach eine Bezeichnung für «Mensch» gewesen. Ist das nicht ein wenig überinterpretiert?

B. Ich denke nicht. Buddha hat, wie in vielen anderen Dingen, nicht die verfestigte, scheinhafte Alltagsinterpretation übernommen, sondern sie vielmehr auf ihre wesentlichen, täuschenden Elemente zurückgeführt. Es ist doch kein Zufall, daß in der indischen Tradition «Mensch» durch die Dualität von «Wort-Form» bezeichnet wird. Das ist viel klarer und einfacher als die spätere Terminologie, wie «geist-körperliches Wesen» usw. Wenn ich es so sagen darf: Das Wesen des Menschen beruht auf seiner Fähigkeit zur Erkenntnis von Formen und der Sprache, die diese Formen bezeichnet. «nama-rupa» ist insofern eine «Wesensdefinition», allerdings wiederum nicht in dem Sinne, als würden Form und Begriff ein Selbstsein besitzen.

P. Sie wollen also sagen, daß die zentrale Rolle der Sprache, der Wörter im Prozeß der Welterzeugung, immer verstanden als Täuschung, urbuddhistisches Gedankengut ist?

B. Genau das. An einer anderen Stelle des Digha-Nikaya sagt Buddha zu Ananda − ich darf den Passus frei zusammenfassen: Es kommt eben dadurch zum Entstehen und Vergehen, daß es − wie Neumann übersetzt − «eine Bahn der Benennung» gibt.[111] Die «Bahn der Benennung», so heißt die Tatsache, daß wir Wörter auf Formen beziehen und dadurch Dualität erzeugen, dies ist ebenso der Prozeß des Denkens, des Bewußtseins, wie andererseits endlos die Dualität weitergetrieben und verfestigt wird. Deshalb heißt es im Lankavatara-Sutra: «Die Existenz aller Dinge hat in der Realität der Wörter ihren Grund.»[112] Die scheinhafte Selbstnatur überhaupt entsteht durch die Illusion einer wesenhaften Identität der Dinge und Wörter, heißt es an einer anderen Stelle. Ich denke, daß ich vorhin nichts anderes zu erklären versucht habe. So findet sich zum Beispiel im Diamant-Sutra immer wieder die Formel: «Das ist bloß ein Name.»[113]

XVIII

C. Aber dann gilt dasselbe doch auch von allen Lehren des Buddha. Dann sind doch «Verblendung», «Nirvana», «Erleuchtung», ja selbst «Buddha» usw. auch nur Wörter und von der Natur der Leerheit, also leer an Selbstnatur. Oder ziehe ich eine falsche Konsequenz?

P. Das ist ein ausgezeichneter Punkt. Ich denke, hier hat sich unser Freund selbst eine Falle gestellt, aus der er nicht entrinnen kann.

B. Mag sein, daß ich darin gefangen bin, nicht aber die alten Meister und Buddhas. Im erwähnten Diamant-Sutra heißt es: «Es gibt keinen Zustand, der ‹vollkommene Erleuchtung› genannt wird.»[114] Das heißt, selbst die Leerheit ist leer an einer Leerheit – wenn man darunter eine Wesenheit versteht.

C. Nun sind wir aber vollständig im Sumpf des Nihilismus versunken. Ich sehe hier keinen Weg, keine Brücke mehr zu positiv verstandener Spiritualität.

P. Und vielleicht bleibt der Buddhismus damit doch nur eine indische Form der skeptischen Philosophie.

B. Auch dieses Mißverständnis hat sich uns immer wieder aufgedrängt. Was ist damit gemeint? Die Leerheit ist keine Wesenheit in dem Sinne, in dem ich vorhin «Wesen» zu erklären versucht habe.

P. Sie wollen also sagen: «Leerheit» ist, alltäglich gebraucht, einfach ein Wort, das auf undurchsichtige Weise in zahlreichen Situationen, bei klugen Gesprächen, wie dem unseren hier, auf dunkle und verwirrte Weise gebraucht wird. Diese Situationen bilden dann den Hintergrund. Und wann immer man von «Leerheit» spricht, rufen sie die Erinnerungen an die eigene Verwirrung wach. Auf diese Weise wäre Leerheit nur selbst ein Wort und eine Konfusion geworden.

B. Ganz ausgezeichnet. Nagarjuna hat betont, daß es für ihn nur darum geht, die verkehrten Meinungen aufzulösen, nicht selbst eine Meinung, zum Beispiel über die Leerheit, zu verkünden. Eben deshalb ist es auch notwendig, daß man über vieles schweigt. Und eben deshalb wird im tantrischen Fahrzeug gesagt, daß man die tiefen Lehren in Situationen übertragen muß, die eine klare Atmosphäre besitzen. Ein Lama überträgt tiefe Lehren nur einem Schüler in Situationen, in denen er davon ausgehen kann, daß der Geist ein gewisses Maß an Klarheit gewonnen hat, in der sich die Gedanken gelegt haben, in der die Umgebung inspirierend wirkt und für Spiritualität öffnet. Und in solch einer Situation, wenn dann von «Leerheit», «Mitgefühl», «Erleuchtung» gesprochen wird, dann wird das nicht zu einem gewöhnlichen Begriff, sondern zu einem Fingerzeig, den gegenwärtigen Geisteszustand als Schlüssel zur Leerheit zu erkennen. Um unser Gespräch nicht abzuwerten: Auch ein Dialog in freundschaftlicher Atmosphäre, in dem Willen, sich wechselseitig zu helfen und dennoch nicht ungenau zu sein, auch in solch einer Situation kann eine Klärung erfolgen, indem man naheliegende Fehldeutungen immer wieder zu beseitigen versucht.

P. Dann sagen Sie, daß die Leerheit nicht aus Büchern gelernt werden kann? Es bedarf zwar keiner Offenbarung, aber doch eines Anschlusses an eine lebendige, mündliche Tradition, die weiß, wovon sie redet, und die *demonstriert* in der Übertragungssituation?

B. So würde ich es sehen. Man kann auch allein zu hoher Einsicht durch Beobachtung des eigenen Geistes und gründliches Studium von Schriften gelangen. Ein Nyingma-Lehrer sagt allerdings, daß selbst Buddha Shaykamuni einen Lehrer gehabt haben soll.[115] Die Theravadins widersprechen, wie ich denke, zu Recht und sagen, Buddha habe seine Erleuchtung allein aus eigener Anstrengung gewonnen. Doch dieser Punkt ist schwierig[116], und ich möchte mich hier nicht zu einer Besserwisserei hinreißen lassen.

C. Ich darf Ihnen ehrlich gestehen, daß Sie mich an dieser Stelle etwas traurig sehen. Vieles von dem, was Sie über die Leerheit sagten, kann ich, nicht gegen, sondern mit dem hl. Thomas ganz gut verstehen – auch wenn meine Worte andere wären. Doch dieser letzte Punkt macht mich betroffen. Denn obgleich die christlich-katholische Kirche immer wieder große Lehrer hervorgebracht hat …

P. … Erleuchtung ist ja durchaus ein abendländisches Wort …[117]

C. … obgleich also meine Kirche solch erleuchtete Männer in großer Zahl hervorgebracht hat, kann ich doch solch ein Primat der direkten Überlieferung kaum erkennen. Die Kirche hat eine äußere Form, als Dogma, gefestigt, nicht aber die Kultur der lebendigen Überlieferung. Es gibt Klöster mit sehr alten Traditionen. Doch immer wieder sind die großen Überlieferungslinien abgebrochen. Die Weisheit des hl. Thomas, bei Meister Eckhart zu praktischer Spiritualität geworden auf zugleich höchstem Lehrniveau, diese Weisheit ist von der Kirche selbst bekämpft und jäh erstickt worden.

B. Das scheint mir kein Grund zur Resignation. Auch im Buddhismus, wie heute in Indien und in Tibet, gibt und gab es immer wieder sehr dunkle Zeiten. Auch zwischen Longchenpa und Jikme Lingpa war eine Tradition der Nyingmapa weitgehend zum Erliegen gekommen (zwischen dem 13. und 16. Jahrhundert). Jikme Lingpa hat durch intensive Meditationspraxis Longchenpa wieder neu «vergegenwärtigt» – traditionell gesagt: durch Visionen und Anrufungen, aber hier mute ich Ihnen vielleicht zu viel zu –, und heute ist die Linie immer noch ungebrochen.

XIX

P. Anstatt hier melancholischen Reminiszenzen zu folgen, sollten wir eher versuchen, einen gemeinsamen Kern, wie er sich aus westlicher Sicht erkennen läßt, herauszuarbeiten. Wenn Sie erlauben, werde ich einen Versuch unternehmen.

B. und C. Wir hören.

P. Wenn ich von der Gottheit allerlei angehängte, sehr menschliche Bilder abziehe, so verbleibt in der Lehre des hl. Thomas – die ja von der katholischen Kirche offiziell empfohlen wird – als Kern des Gottesbegriffs die Aussage, daß Gott Geist ist. Das heißt: Die Gottheit ist in ihrem Wesen Erkenntnis. Ferner wird gesagt, daß die göttliche Erkenntnis zugleich der Grund aller Dinge sei; wenn Gott erkennt, dann erschafft er aus Nichts ein Seiendes. Wir Menschen sind keine Götter. Wir haben zwar auch Erkenntnis, aber unsere Erkenntnis leitet sich von den Dingen her. Gleichwohl zeigt sich auch in unserer Erkenntnis die innigstmögliche Verbundenheit mit allen Dingen: Sie sind «wesentlich» in uns, und wir sind erkennend «in ihnen». Die Unvollkommenheit des Menschen liegt darin, daß er an das stoffliche Dasein der Dinge verwiesen ist. Er erkennt die Dinge nicht nur, er begehrt sie auch. Dieses Abhängigsein, dieses Getrenntsein macht den «Mangel» am Menschenwesen aus ...

C. ... und offenbart seine sündhafte Struktur, die durch Adam in die Welt kam.

B. Im Buddhismus vermeidet man den Begriff «Sünde». Man spricht von den drei Giften «Gier, Haß, Verblendung». Im Kern ist das illusionäre Er- und Begreifen von Formen, Gefühlen usw. gemeint. Eben dieses Ergreifen oder Anhaften (klesa) erzeugt, gestützt auf Begriffe wie «Sein» und «Nichts», den Schein eines «Selbstseins» dieser Formen und verleiht ihnen sozusagen «materielle Substanz».

P. In jedem Fall liegt darin eine Unvollkommenheit, wie auch der Stoff – sehen wir von anderen Interpretationen ab – eigentlich nur ein anderer Name für das unvollkommene Dasein der Dinge ist: Sie sind nicht reine Formen, sondern diese Wesensformen sind «verklebt», «verunreinigt» durch die stoffliche Vereinzelung, die Objekte unseres Ergreifens (oder unserer «Sünde») sind. Stoff steht der Erkenntnis, dem göttlichen Prinzip, also gegenüber wie die Verblendung der Erleuchtung.

C. Er steht aber nicht absolut gegenüber ...

B. ... ebenso sind Erleuchtung und Verblendung nicht absolut verschieden ...

C. ... als eine Art Gegenprinzip, von gleicher Mächtigkeit wie die Gottheit, der absoluten Erkenntnis. – Dies war die Auffassung der von der persischen Religion beeinflußten Gnostiker.

P. Dies wird dadurch ausgedrückt, daß auch der Stoff erschaffen ist, aus der göttlichen Erkenntnis hervorgeht. Also sind letztlich alle Dinge, eben weil sie von der absoluten Erkenntnis als Kreaturen hervorgebracht wurden, doch nichts anderes als Nichts, was ihr Selbstsein anlangt. Sie sind aus Nichts geschaffen, und Nichts ist kein Stoff oder überhaupt etwas Seiendes. Das, was sie ausmacht, was ihnen eigentlich zukommt, ist die göttliche Natur.

C. Ihr Erkannt-Sein in der Gottheit.

P. Also kann man «Stofflichkeit», «Dinglichkeit», «Einzeldasein» als eine falsche, sündige, verkehrte Form, als eine Art Blindheit im Vergleich zum göttlichen Licht der Erkenntnis bezeichnen. Ist das nicht ein anderer Name für die Verblendung des Ego?

C. Durchaus. «Wir sind», sagt Meister Eckhart, «die Ursache aller unserer Hindernisse. Hüte dich vor dir selbst, so hast du wohl gehütet.»[118] Deshalb muß man, um zu Gott zu gelangen, alle Kreatürlichkeit hinter sich lassen, die in der Person manifest ist. Meister Eckhart verwendet hier ein Wort, das als Übersetzung von Leerheit verstanden werden könnte: «Bloßheit». Er sagt: «Wer unmittelbar in der Bloßheit der göttlichen Natur stehen will, der muß allem Personhaften entgangen sein.»[119] Deshalb würde «ein seines Ichs entkleideter Mensch [...] dermaßen mit Gott umfangen sein, daß die Erschaffenen allesamt unfähig wären, ihn zu rühren, sie rührten denn Gott zuerst»[120].

B. Dieser Zustand wird im Tantra unsere «Vajra-Natur» genannt, unsere unzerstörbare, unberührbare Natur. Sie ist unzerstörbar und unberührbar, weil sie völlig leer ist, weil sie das Erkenntnisprinzip, die Achtsamkeit (rigpa) rein «verkörpert», und zwar im Dharma«körper», dem Dharmakaya.

C. Deshalb sagt Meister Eckhart über diesen Zustand, die «Seele» «empfindet wohl, daß es ist, weiß aber nicht, wie und was es ist»[121].

P. Meister Eckhart holt damit ein wenig vom Himmel herunter, was die Theologie von ferne anschaut.

C. Thomas läßt das offen. Er schreibt: «In der Anschauung Gottes sehen wir die in Gott geschauten Dinge nicht durch Erkenntnisbilder, sondern durch die mit unserem Verstande vereinigte göttliche Wesenheit selbst.»[122]

B. Und das scheint Thomas am Ende seines kurzen Lebens geschaut zu haben, wie wir schon gehört haben.

P. Hier kommt mir eine weitere Analogie. Aristoteles und ihm folgend das Mittelalter nehmen an, daß der Geist ursprünglich völlig rein ist, eine «tabula rasa». Nur durch diese

Reinheit und Offenheit kann er überhaupt etwas erkennen. Dagegen haben, wie gesagt, viele Philosophen der Neuzeit polemisiert. Könnte es nicht sein, daß hier zwei Dinge verwechselt werden: das Denken (im Sinne von vijnana, sems) und das reine Erkennen (jnana, yeshe oder rigpa)? Die neuzeitlichen Kritiker verkennen den wichtigsten Punkt: Ihnen fehlt die Erfahrung eines reinen, leeren Geistes, einer «tabula rasa».

C. Und dies zu erreichen ist nach Meister Eckhart das schwierigste. Es ist das «Fünklein», der «Seelengrund». Im Seelengrund ist Gott ohne Bild oder Gleichnis, sondern «nur er selber mit seinem eigenen Sein»[123].

XX

P. ... und dieses «Sein» ist Erkennen, Liebe, völlige Unzerstörbarkeit.

C. Weshalb Meister Eckhart, als man ihn fragte, was das letzte Ziel des Schöpfers sei, antwortete: «Ruhe»[124]. Er fügte hinzu: «Aber daß man Ruhe habe im mühevollen Leben, das ist das Allerbeste.»[125] Denn «Ruhe» ist nur ein anderes Wort für Unbewegtheit, damit jener «Gelassenheit», von der bei Meister Eckhart so viel die Rede ist ...

B. ... oder die völlige Offenheit, die der reinen Achtsamkeit als tabula rasa zukommt. Während Bewegtheit, das Bewußtsein – das wie ein Affe ist, sagt Buddha – Ausdruck der Verblendung ist, die sich im Glauben an Wesenheiten, an ein Was und Warum durch Anhaften manifestiert.

C. «Alle Dinge, die in der Zeit sind, die haben ein Warum», sagt Meister Eckhart.[126]

P. Ist dann «Gott», der doch das Sein ist, selbst verblendet?

B. Nirvana ist Samsara, sagt man im Mahayana. Doch das ist noch der letzte Schatten der Verblendung. Der Urgrund ist ohne Zweiheit.

C. Vielleicht sagt deshalb Meister Eckhart: «Was Sein hat, Zeit oder Statt [Ort], das rührt nicht an Gott; er ist darüber.»[127]

B. Das heißt die Achtsamkeit bleibt rein, mag sie auch immer wieder von Gedanken getrübt sein, welche die Dinge in Raum und Zeit unterscheiden. Der Himmel ist immer klar, er wird von den Wolken nicht berührt.

C. Deshalb «hindert die Seele nichts so sehr, Gott zu erkennen, als Zeit und Raum»[128].

P. Weil alle Kreaturen, aus ihrer Herkunft, «ein reines Nichts» sind[129], deshalb sind sie prinzipiell fähig, in den reinen Ursprung der Gottheit, der Leerheit zurückzukehren — sofern die hindernde Illusion der vereinzelten Dinge und des Ich in Zeit und Raum beseitigt wird.

C. Allerdings ist diese göttliche Leere, die «Wüste der Gottheit», wie Eckhart oftmals sagt, nicht einfach nihilistisch zu verstehen. Gott bleibt erkennendes Prinzip, «Vernunft». Doch darf man «Vernunft» (in dieser Interpretation) nicht mit Denken und Bewußtsein verwechseln, die sich zwar innerhalb der Vernunft vollziehen, nicht aber ihre Natur kennzeichnen. «Vernunft» im göttlichen Sinne ist das Erschaffende, Erkennende, die Wahrheit selbst. Gott ist das schlechthin «Präsente» – das hat die mehrfache Bedeutung von «gegenwärtig, erkennend, seiend ohne Vereinzelung».

B. So vom Ichhaften und Personenhaften gereinigt kann ich die Gottheit durchaus als Wort für Leerheit akzeptieren. Tatsächlich ist die Leerheit in ihrer inneren Dimension (Samantabhadra) die Quelle aller Dinge, das «kreative Weltprinzip». Longchenpa zitiert einen für das Dzogchen fundamentalen Text, in dem es heißt: «All dies hat mich – universelle Kreativität, reine und vollständige Präsenz – zu seiner Wurzel. Wie die Dinge erscheinen [das heißt als erkannte] ist mein Sein. Wie die Dinge entstehen, ist meine Manifestation.»[130]

P. Aber hat dies nicht einen deutlich pantheistischen Beigeschmack? Wird damit nicht gesagt: Alles *ist* Gott?

B. Sicher nicht. Denn was heißt das: «ist» Gott? Ein Tisch ist nicht Gott als irrtümlich vermeintes und unterschiedenes Ding. Aber ein Tisch als Form ist Leerheit, sofern er nur aus einem urerkennenden Unterscheiden hervorgeht und nur darin manifest, «präsent» ist.

C. Die Idee einer absoluten Trennung zwischen Gott und Welt ist keine katholische. Wir finden sie vielleicht mehr im Islam und im Judentum. Sofern Gott durch seine Erkenntnis das Sein der Dinge verleiht, sind die Dinge von Gott gehalten. Er ist deshalb «allgegenwärtig». Aber er ist nicht allgegenwärtig *als* Tisch, Stuhl usw. Dies jedoch, daß der Tisch, Stuhl usw. erscheinen kann, verweist auf ein erkennendes Prinzip.

B. Dieses erkennende Prinzip ist aber nicht vereinzelt, als personenhaftes, individuelles Bewußtsein. Wir nehmen, verblendet, daran teil. Es ist der «Erkenntnisraum», das Einräumende, das alle Dinge als Erscheinungen erscheinen läßt. Dieser «Raum» — obgleich auch nur ein Wort — ist leer. Anders könnten sich die Dinge nicht manifestieren. Aber da sie sich nur in diesem Raum von jnana oder vidya manifestieren, wären sie ohne diesen Raum wörtlich «Nichts». Also ist Manifestation (Form) dasselbe wie die Leerheit, worin und woraus sie erscheinen.

C. Dieses «dasselbe» meint vielleicht Thomas, wenn er sagt, Gott und Dinge seien dasselbe, sofern sie «sind».

P. Dann hat «Sein» hier aber einen ganz anderen Sinn.

B. Sein ist dann nichts anderes als Leerheit, das, was alles «präsentiert» in einem Raum der Achtsamkeit. Das Sein ist die gewährende Offenheit, die ohne Vorurteil den Dingen ihr Sein einräumt. Dieses fast Mütterlich-Einräumende, so kann man sagen, liebt deshalb alle Dinge, und dieses Lieben ist das Gewähren ihres Erscheinens. Insofern ist, kraft dieser

Leerheit, das Sein unzerstörbar, ewig, gleichwohl aber das Alles-Durchdringende; damit die Wurzel des Wandels und der Kreativität, jene dynamische Erscheinung, die wir als Liebe und Energie erleben. Das ist die Buddhanatur (sugatagarbha). Das Sein als Leerheit gewährt das Erscheinen, durchdringt alle Erscheinung und hebt sie so zugleich wieder auf. Insofern gilt, wie der große Zen-Meister Dogen sagt: «Sein ist Zeit.» Nicht unsere gemessene Zeit, die an Einzeldingen haftet, vielmehr die Quelle der Zeit: der alles-umfassende Wandel. Eins mit diesem Wandel sind wir im Nirvana; halten wir ein Ich dagegen und wollen Dinge ergreifen und festhalten, so sind wir im Samsara. Die Leerheit wird weder durch das Nirvana reiner noch vom Samsara getrübt — sie ist stets die alles durchdringende und damit aufhebende Macht des Wandels, von Entstehen und Vergehen.

P. Damit hat unser Gespräch einen Kreis durchlaufen und ein gewisses Ende erreicht. Ich habe durch unser Gespräch sehr viel lernen können, und ich bin tief beeindruckt von der Kraft der beiden großen spirituellen Traditionen: dem Christentum und dem Buddhismus. Wir haben christliche, buddhistische und philosophische Lehren gehört und in unserem Gespräch verglichen. Für jeden von uns war die Lehre des anderen das *Fremde*. Doch nur durch das Fremde gelangen wir ins Eigene. Erlauben Sie mir, unser Gespräch deshalb mit einem Zitat von Martin Heidegger zu beenden:

«Denn erst dort, wo das Fremde in seiner wesenhaften Gegensätzlichkeit erkannt und anerkannt ist, besteht die Möglichkeit der echten Beziehung, und das heißt der Einigung, die nicht wirre Vermischung, sondern fügende Unterscheidung ist. Wo es dagegen nur dabei bleibt, das Fremde zurückzuweisen oder gar zu vernichten, geht notwendig die Möglichkeit des Durchgangs durch das Fremde und damit die Möglichkeit der Heimkehr ins Eigene und damit dieses selbst verloren.»[131]

Nachwort

Dieses Gespräch hat so nicht stattgefunden. Gleichwohl wurden viele darin enthaltene Gedanken mehrfach ausgetauscht. Ich kann deshalb nicht sagen, es handle sich um einen rein erfundenen Dialog. In *tatsächlichen* Gesprächen sieht man sich häufig mit einer Haltung konfrontiert, die in diesem Dialog – mit Bedacht – nur am Rande zu Worte kommt. Es handelt sich scheinbar nur um eine praktische Frage: das Verhältnis zur kirchlichen Organisation und ihren Autoritäten bzw. zum Lehrer (Guru, Lama) in anderen spirituellen Traditionen. Die Tugend der Philosophie, das *eigene Denken,* erscheint in der Religion geradezu als *Hindernis.* Denn das Ich-zentrierte Denken ist *das* Hemmnis. Doch *ohne* Selbstdenken, so wenden Philosophen ein, wird nur eine andere Gewohnheit, wenn nicht eine bloße Abhängigkeit erzeugt. Diese Frage ist deshalb nicht einfach zu beantworten, und auch diese Nachbemerkung kann hier nur einige Hinweise geben. Bereits die Gnostiker haben umgekehrt den Philosophen vorgeworfen: «Der Philosoph, er ist ein Mensch, der sich um sich selbst dreht.»[132]

Die Vergöttlichung von Jesus und Buddha (in Tibet und Nepal auch von Padmasambhava) verbirgt eine einfache Tatsache: Sie waren zunächst nur Menschen; Menschen, die offenbar suchten und schließlich etwas fanden.[133] Soweit sich die frühe Überlieferung beurteilen läßt, hatten sie keine Lehrer. Von Jesus wird berichtet, daß seine Zeitgenossen den Lehrer vermißten: «Woher hat er denn dies? Was ist das für eine Weisheit, die ihm zu eigen ist? Und was sind das für Wunder, die durch seine Hände geschehen? Ist er nicht der Zimmermann, der Sohn der Maria und der Bruder des Jakobus und des Joses und des Judas und des Simon? Und sind nicht auch seine Schwestern hier bei uns?»[134] Buddha sagte: «Selbst ward ich wissend. Wen sollte ich nennen? Niemand ist mein Lehrer»[135], und von Padmasambhava heißt es: «Fragten ihn die Menschen, wer er sei und welchen Guru er habe, antwortete er: ‹Ich habe weder Vater noch Mutter, weder Abt noch Guru, weder Kaste noch Namen. Ich bin der Selbst-Geborene Buddha.›»[136] Der Satz «Folget mir nach!» hat aus diesem Horizont gedeutet einen ganz anderen, eigenen Sinn: Dieser Satz fordert zunächst und vor allem — unabhängig von der spirituellen Farbe und Tradition — dazu auf, *selbst* zu erkennen. Jesus beschrieb sich selbst als die Wahrheit, Buddha bezeichnete seinen Körper als «Dharma-kaya», als Wahrheitskörper — für *die* Wahrheit aber gibt es keinen Stellvertreter, man kann sie nur verwirklichen. Jede *Stellvertretung* der Wahrheit ist Täuschung, ja mehr noch, ein Hemmnis. Jesus sagt im wiederentdeckten Thomas-Evangelium über die Lehrer der jüdischen Tradition: «Wehe ihnen, den Pharisäern, denn sie gleichen einem Hunde, der auf der Futterkrippe von Rindern liegt; denn weder frißt er noch läßt er die Rinder fressen.»[137]

Die Lehrer oder die «Organisatoren» des Glaubens sind auch ein *Hindernis,* nicht nur eine Hilfe. Sicherlich wird man das nicht so verstehen dürfen, daß *Hilfe* unzulässig sei. Es gibt Meister in allen Traditionen. Deren Meisterschaft besteht aber vor allem darin, das *Selbst-Denken,* die Macht über das eigene Denken zu lehren, nicht *vor*zudenken. «Euch fehlt das Selbstvertrauen, darum ist euer Geist immerzu auf der Suche. Ihr sucht kopflos euren eigenen Kopf, könnt euch keine Ruhe gönnen», sagt Linji.[138] Hierarchische Abhängigkeit und Gehorsam als zentrale Tugenden widersprechen dem ebenso wie die bloße Hingabe an den Guru. «Wer das All erkennt, wobei er sich selbst verfehlt, verfehlt das Ganze» – dieser Satz aus dem bereits zitierten Thomas-Evangelium[139] drückt zugleich die innere Berührung zwischen Philosophie und spiritueller Tradition aus. Wenn das *Reich* nicht von dieser Welt ist, wenn sogar der *Herr* dieser Welt im christlichen und frühen buddhistischen Verständnis der *Widersacher* ist, dann kann es *in und mit* dieser Welt kein Heil geben. Im tibetischen Buddhismus drückt man dies so aus, daß wir heute im finsteren Zeitalter (Kali Yuga) leben, in jenem «verwüsteten Land», von dem auch in der Grals-Legende die Rede ist. «Heil» bedeutet deshalb, das Welthafte dieser Welt zu erkennen und sich von ihrer Macht über das Denken und Fühlen zu befreien. Es ist jeglicher Form der Macht, auch spiritueller, zu mißtrauen, weil Macht die Form jener Täuschung ist, die Spiritualität gerade überwinden möchte. Der achselzuckende Satz «Es muß eine Organisation geben!» verkennt diese Gefahr. Die hübsche Geschichte, wonach Gott seinen Sohn zur Rettung der Welt sandte, der Teufel diese Rettung aber organisierte und die Kirche schuf, drückt dies sehr klar aus.

Das Einfügen *in* eine und die Achtung *vor* einer Tradition braucht dem nicht zu widersprechen; es kommt darauf an, was diese Tradition vermittelt. Es geht hier nicht um die bloß formale *äußere* Freiheit der Aufklärung. Wenn das Wesen des Menschen die «Wüste der Gottheit», die «Leerheit» oder die «Freiheit» *ist,* dann kann dieses Wesen nicht als eine *äußere* Form offenbar werden. Eine äußere Bindung mag sich zwar in voller Freiheit vollziehen und dann dieses Wesen offenbaren; das setzt jedoch voraus, daß sich dieses Wesen *gezeigt* hat. Die katholische oder die tantrische Dialektik, wonach in Gehorsam und Hingabe Befreiung offenbar werde, ist zwar jeweils *auch* ein Ausdruck menschlicher Freiheit, oft aber auch ein Weg in neue Abhängigkeit. Man befreit sich vom alten Ego, um es vielleicht gegen ein neues, geliehenes Ego einzutauschen. Traditionen sind nur dann eine geistige Hilfe, wenn sie *immer und grundsätzlich* über sich hinausweisen. Buddha drückt dies so aus, daß ein Boot nützlich ist, um ans andere Ufer zu gelangen; es ist jedoch ein Hindernis, wollte man es auf dem weiteren Weg mitschleppen. Die Jetzt-Zeit hat sich im Westen eher darauf spezialisiert, einen riesigen Supermarkt mit Booten zu eröffnen und die Bootsfahrt als Vergnügungsreise zu vermarkten. Jede spirituelle Organisation, die jemand *ernährt,* der *von* der Religion *lebt,* verdient deshalb exakt die Skepsis, die durch die Aufklärung formuliert wurde.

Es ist die Größe des ursprünglichen Buddhismus, daß diese Gefahr überdeutlich ausgesprochen wurde. Buddha sagte zum Volk der Kalamer: «Geht, Kalamer, nicht nach Hörensagen, nicht nach Überlieferungen, nicht nach Tagesmeinungen, nicht nach der Autorität heiliger Schriften, nicht nach bloßen Vernunftgründen und logischen Schlüssen, nicht nach erdachten Theorien und bevorzugten Meinungen, nicht nach dem Eindruck persönlicher Vorzüge, nicht nach der Autorität eines Meisters! Wenn ihr aber, Kalamer, *selbst erkennt:* ‹Diese Dinge sind unheilsam, sind verwerflich, werden von Verständigen getadelt, und, wenn ausgeführt und unternommen, führen sie zu Unheil und Leiden›, dann, o Kalamer, möget ihr sie aufgeben.»[140] Und an anderer Stelle ergänzt Buddha: «So suchet denn eure Rettung und eure Zuflucht *in euch selbst und nirgends sonst,* lasset die Lehre eure Rettung und eure Zuflucht sein und nichts sonst!»[141]

Nur die Meditation über sich selbst führt letztlich zum Ziel – die «Gegenstände der Lehre» sind keine anderen als *Hinweise* zu solcher Kontemplation; es sind Wesens-Weg-Weiser zur Befreiung, in die eigene Freiheit. Von einem Meisterschüler sagt Buddha: «Die Lehre kennend, ist er unabhängig.»[142] Diese Freiheit kann nicht erlangt werden, denn sie ist immer schon da, sie ist das Wesen des Menschen. Die Bindung an die Welt verdeckt aber dieses Wesen, deshalb sagt Jesus, daß sein «Reich» *nicht* von dieser Welt ist, und Buddha lehrte, von allem in der Welt zu sagen: «Das ist nicht mein, das bin ich nicht, das ist nicht mein Selbst [Wesen].» Jede Organisation, jeder Lehrer, ja selbst jede Lehre ist Teil der Welt, Teil jener Täuschung, aus der es aufzuwachen gilt. Die Leerheit gewährt alles, aber sie erscheint nicht. Dennoch ist sie nicht verborgen; sie gewährt alle Dinge wie der Raum, von dem Hegel sagt, er sei unendlich weich. Deshalb kann jedes Ding, kann jeder Mensch zum Lehrer der Leerheit werden. Die Lehre (der Dharma) ist die ganze Welt, sagt Dogen. Doch diese Auskunft ist gewöhnlich keine Hilfe, denn wer sucht, will wissen, was er tun soll, und es ist sehr schwer zu lernen, daß die Freiheit nur dann zu sich erwacht, wenn sie keiner Vorschrift folgt – ohne in das andere Extrem egozentrischer Wünsche zu verfallen. Obgleich sich diese Freiheit auch in der Kreativität des Handelns zeigt, erliegt das Tun in der Welt der Täuschung, das, was wir wirklich suchen, sei *in* der Welt zu erreichen. Erreichbar ist vieles in der und durch die Welt, nicht aber die Freiheit von diesem Vielen. Das darin liegende Dilemma für viele Suchende ist unübersehbar und findet in der Suche nach der rechten Lehre und dem rechten Lehrer nur seinen Höhepunkt. Bodhidharma drückt es so aus: «Wenn man nicht aus sich selbst heraus zur Erkenntnis kommen kann, braucht man einen Lehrer, um an den Grund von Leben und Tod zu gelangen. Aber nur ein Mensch, der seine eigene Natur sieht, kann ein Lehrer sein.»[143] Damit wird aber die Frage nur verschoben: Wer ist dieser Lehrer, der seine eigene Natur sieht, und was ist diese Natur?

Nicht nur in der buddhistischen Tradition, auch große Lehrer des Hinduismus haben sich hierzu geäußert, in besonders scharfer und klarer Weise Ramana Maharshi. Er gibt eine Art «Regel», woran ein echter Lehrer zu erkennen ist, eine Regel, die auch für die Gurus der «Psychotherapien» beherzigenswert wäre: «Wer einen Suchenden anweist, dies oder das zu tun, ist kein echter Meister. Der Suchende leidet ja schon an seinen eigenen Aktivitäten und sucht Ruhe und Frieden. Mit anderen Worten, er will seine Aktivitäten loswerden. Wenn der Lehrer ihn anweist, etwas weiteres oder etwas anstelle seiner alten Aktivitäten zu tun, kann das eine Hilfe für ihn sein? Aktivität ist Schöpfung. Sie ist die Zerstörung des eingeborenen Glücks. Wenn der Ratgeber Aktivität vorschlägt, ist er kein Meister, sondern ein Mörder. In einem solchen Fall kann man sagen, daß entweder der Schöpfer (Brahma) oder der Tod (Yama) im Gewand eines Meisters erschienen ist. Solch ein Mensch kann den Strebenden nicht befreien, nur seine Bindungen verstärken.»[144]

Nichts und niemand kann hier die *Entscheidung* abnehmen. Es zeigt sich aber auch eine andere Gefahr, die des *spirituellen Egoismus*. Die Mahayana-Buddhisten haben dies sehr deutlich gesagt: Wer nur an seine eigene Befreiung denkt, der wird sie gar nicht erlangen. Das Wesen des Menschen ist nicht individuell und abgesondert; im freien Ego zeigt sich zwar auch das Wesen der Freiheit (sunyata), doch nur in der Form der Täuschung über die Welt und sich selbst. Die Geisteshaltung des Mitgefühls nimmt deshalb eigentlich *jeden* zum Lehrer, auch unsere Feinde. Wie Santideva sagt: Wer könnte uns besser die Geduld lehren als unsere Feinde?[145] Hierin liegt die tiefste Verwandtschaft zwischen dem Buddhismus und dem Christentum der Bergpredigt, und eine Ökumene ganz anderer Art.[146] Beide Traditionen weisen darauf hin, daß das Selbst keine eigene, abgetrennte Wirklichkeit ist, wie das neuzeitliche Ego. In dem häufig bezeugten Satz Jesu: «Wer sein Leben findet, wird es verlieren»[147], zeigt sich diese Übereinstimmung, die der große Zen-Lehrer Dogen so zusammenfaßt: «Den Buddha-Weg zu erfahren bedeutet, sich selbst erfahren. Sich selbst erfahren heißt, sich selbst vergessen. Sich selbst vergessen heißt, sich selbst wahrnehmen in allen Dingen.»[148] Selbsterkenntnis ist deshalb gerade *keine* Weltflucht, denn sich *nicht* in der Welt als Ego einen vergänglichen Platz neben den anderen Dingen zu suchen, das ist die Heimkehr in das Wesen der Welt. Wie nur ein leerer Krug Wasser zu fassen vermag, so vermag nur ein leeres Herz die Erde und andere Lebewesen so zu lassen und zu achten, wie *sie* sind. Das ist der Sinn der Gelassenheit (upeksa), der hohen mystischen Tugend.

Spiritualität und Weisheit sind in unserem Zeitalter, in dem sich auf der Erde und in den Menschenherzen Wüsten ausbreiten, davon sehr weit entfernt und, ganz praktisch gesprochen, sicher nicht einfacher geworden. Dennoch lehrt uns gerade hier jeder Tag die Vergänglichkeit der Dinge und damit das Wesen der Leerheit. Daß der Markt mit seinem Mechanismus die Spiritualität längst zu einer von vielen möglichen Marktnischen degradiert und nicht nur den Buddhismus als aparte Differenz und Mode verwertet, darf nicht abschrecken. Es sollte nur unser Mitgefühl für jene wecken, die den Reichtum dieser Tradition noch nicht zu nutzen vermögen. Gelassenheit und Geduld im Gespräch können vielleicht auch hier verkehrte Gedanken aus der Macht der Gewohnheit befreien helfen. Ich wünsche mir, daß dieses Gespräch dazu ein klein wenig beiträgt.

Gröbenzell, 10. Februar 1995

Anmerkungen

1   «Leerheit», eine Übersetzung des Sanskritwortes «sunyata», ist ein zentraler Begriff des Buddhismus, der nachfolgend in vielfältigen Aspekten von den Gesprächspartnern diskutiert und erläutert wird. Eine andere vorläufige Übersetzung wäre: «Offenheit», aber auch «Freiheit».

2   «Alle Phänomene sind wie ein Traum.» Longchenpa, Buddha Mind, Ithaca-New York 1989, S. 273; vgl. Vasubandhu's Vimsatika-Karika 3; in: S. Anacker, Seven Works of Vasubandhu, Delhi 1986, S. 162.

3   Vatikanum II, gezählt als 21. ökumenisches Konzil, tagte vom 11. 10. 1962 bis zum 8. 12. 1965 unter Johannes XXIII. und Paul VI. Insbesondere akzeptiert die katholische Kirche seit dem Vatikanum II die Religionsfreiheit und definiert sie als «Freiheit von jedem Zwang in religiösen Dingen». «Alle religiösen Gemeinschaften haben nach dem II. Vat. gleiche Rechte, keine Religionsgemeinschaft darf unlautere Werbung betreiben (RelFr. 2)»; Rahner/Vorgrimler, Kleines Theologisches Wörterbuch, S. 362. Im Buddhismus wurde Toleranz anderer Religionen von Anbeginn als Prinzip geachtet und praktiziert. «Andere Sekten sollen bei jeder Gelegenheit geehrt werden», heißt es in einem der Felsenedikte des Königs Asoka; abgedruckt bei G. Mensching, Der offene Tempel, Stuttgart 1974, S. 159.

4   Das Ziel der Mission ist es, «die Kirche in eine bestimmte soziorelig. Welt» einzupflanzen; J. Masson, «Mission»; in: Herders Theologisches Taschenlexikon, Bd. 5, S. 78. Auch bei Rahner heißt es: «Wegen der universalen Geltung der Erlösung in Jesus Christus u. der gleichzeitigen Bestimmung der Kirche von Jesus Christus her hat die Kirche Pflicht u. Recht zur ‹Mission›, d. h. zur freien, den freien Glaubensgehorsam der Menschen anrufenden Predigt des Evangeliums als verständlicher Wahrheit u. als konkreter Liebe

unter allen Völkern u. in allen geschichtlichen Situationen»; Rahner/Vorgrimler, Kleines Theologisches Wörterbuch, S. 278.

5 Vgl. Dalai Lama, M. von Brück, Denn wir sind Menschen voller Hoffnung, München 1988. Dalai Lama, wörtlich «Lehrer, dessen Weisheit so groß wie der Ozean ist», von allen tibetischen Schulen anerkannter Vertreter des tibetischen Buddhismus. Der gegenwärtige, im Exil in Indien lebende 14. Dalai Lama Tenzin Gyatso wurde 1935 geboren.

6 «Buddha», wörtlich «der Erleuchtete» oder «der Erwachte», ist ein Name, der auf alle vollständig erleuchteten Wesen angewendet wird. Der historische Buddha ist Buddha Sakyamuni; er wurde nach westlichen Angaben im Jahre 563 v. u. Z., nach den Angaben der Nyingma-Tradition des tibetischen Buddhismus im Jahre 961 v. u. Z., nach Angaben der Theravadin (Anhänger des südlichen Buddhismus) 624 v. u. Z. geboren. Er lebte – darüber herrscht Einigkeit – 80 Jahre.

7 Thomas von Aquin nennt man den «gemeinsamen Lehrer» aller katholischen theologischen Schulen. Man bezeichnet ihn auch als «engelgleichen Lehrer» (Doctor Angelicus) oder als Princeps Scholasticorum (Fürst der Scholastiker). Papst Leo XIII. hat Thomas von Aquins Lehre faktisch für die gesamte Kirche als vorbildlich und in gewisser Weise verbindlich erklärt: «Uns liegt es», heißt es in der Enzyklika «Aeterni Patris», «ungemein am Herzen, daß die Lehre des hl. Thomas, weil der Glaubenswahrheit ganz besonders entsprechend, sowohl in allen katholischen Lehranstalten als auch ganz besonders in Rom wiederauflebe»; zitiert bei: J. Ude, Die Autorität des hl. Thomas von Aquin als Kirchenlehrer und seine Summa Theologica, Salzburg 1932, S. 20. Die Werke des hl. Thomas werden nachfolgend meist nach deutschen Übersetzungen zitiert, besonders nach der großen Thomas-Ausgabe der «Summa».

8 s. th. I, 12, 11.

9 Dionysios Areopagita, Mystische Theologie und andere Schriften, München-Planegg 1956, S. 162.

10 Thomas, s. th. I, 13, 5.

11 Einige Autoren behaupten eine grundlegende Differenz zwischen dem Begriff der Liebe im Buddhismus (maitri) und dem christlichen Begriff (Agape); vgl. F. Weinrich, Die Liebe im Buddhismus und im Christentum, Berlin 1935. Obgleich richtig ist, daß Maitri niemals als personale Liebe eines Gottes verstanden wird, darf die Aussage

von Weinrich: «Die Maitri ist egozentrisch» (S. 95) aber als Ausdruck von Unkenntnis bezeichnet werden, die der akademischen Behandlung der Frage entspringt.

12 s. th. I, 33, 4.

13 Thomas, s. th. I, 35, 2, ad 3.

14 s. th. I, 37, 1, ad 3.

15 Wörtlich: «Wahrheitskörper». Das Wort «kaya» [= Körper] kann auch mit «Struktur» oder «Matrix» übersetzt werden. Das früheste Zeugnis für den Begriff des Dharmakaya findet sich bereits im Pali-Kanon, der südlichen Sammlung von Lehrreden des Buddha. Hier sagt Buddha kurz vor seinem Tod [Parinirvana = endgültiger Eingang ins Nirvana] zu einem Schüler: «Was bringt es ein, Vakkali, meinen elenden Körper zu sehen? Wer auch immer den dharma sieht, sieht mich; wer auch immer mich sieht, sieht den dharma. Den dharma sehend, Vakkali, sieht er mich; mich sehend sieht er den dharma». (Samyutta-Nikaya, XII, 87, 13). «Dharma» heißt in diesem Zusammenhang das Wesen der Lehren des Buddha, auch «Buddha-Natur» genannt. Man unterscheidet im Buddhismus drei «Ebenen» oder «Seinsweisen» eines Buddha: den Dharmakaya, den Sambhogakaya und den Nirmanakaya. Der Nirmanakaya ist die allen Wesen sichtbare Gestalt eines Buddha; der Sambhogakaya kann nur von Bodhisattvas [Wesen auf höheren Stufen auf dem Weg zur Erleuchtung] gesehen werden.

16 Im nördlichen Buddhismus werden zwei «Fahrzeuge» [= yana; das heißt spirituelle Wege zur Erleuchtung] unterschieden: Das kleine Fahrzeug [Hinayana] und das große Fahrzeug [Mahayana]. Das große Fahrzeug kennt als dritten Weg das Tantrayana. Man unterscheidet auch zwischen «Sutrayana» und «Tantrayana». Sutrayana sind jene Wege und Praktiken, die von Buddha Sakyamuni (Nirmanakaya) selbst gelehrt wurden. Tantra wird nur im Sambhogakaya gelehrt.

17 Dieses Sutra wird dem Mahayana zugerechnet und wird vor allem von der «Nur-Geist-Schule» des Buddhismus als Quelle herangezogen. Es liegt in kommentierter und vollständig übersetzter Form in einer Ausgabe von B. T. Suzuki vor.

18 Vgl. B. T. Suzuki, Studies in the Lankavatara Sutra, Boulder 1981, S. 142 ff.

19 Avicenna und seine buddhistische Herkunft; in: Zwei Aufsätze zur Religions- und Geistesgeschichte, Erlangen 1977.

20 Fragment 6.

21 Peri Hermeneias, Lehre vom Satz, 6; übers. v. E. Rolfes.

22 De veritate, 18, 2 ad 5.

23 s. th. I, 104, 3 ad 1.

24 s. th. I, 104, 3 ad 3.

25 Sunyatasaptati-Karika, § 38.

26 Das Lebensrad ist die bildliche Darstellung der zwölf Glieder der Bedingten Entstehung, eines Kernstücks des Abhidharma, des Kompendiums buddhistischer Grundbegriffe. S. B. Goodman hat [im Crystall Mirror III, S. 93ff.] diese zwölf Glieder – auf Sanskrit mit dem Wort «pratityasamutpada» umschrieben – sehr gut mit dem Begriff «Situational Patterning» übersetzt.

27 Die Lehre von der Bedingten Entstehung [pratityasamutpada] gehört zum ältesten Lehrbestand des Buddhismus. Kurz gefaßt wird darin gesagt, daß Leiden [Alter, Krankheit, Tod] durch eine Reihe von Bedingungen zustande kommt, die in zwölf Glieder eingeteilt werden. Eines ist die Bedingung des je anderen (angezeigt durch einen Pfeil): 1. Nichtwissen (avidya) → 2. karmische Muster (samskara) → 3. Bewußtsein (vijnana) → 4. Begriff und Form (nama-rupa) → 5. Sechs Sinnesgebiete (sadayatana) → 6. Sinneseindrücke, Kontakt (sparsha) → 7. Empfindung, Gefühl (verdana) → 8. Gier, Verlangen (trshna) → 9. Anhaften, Ergreifen (upadana) → 10. Werden, Eintritt in einen Mutterschoß (bhava) → 11. Geburt (jati) → 12. Alter und Tod (jara-marana). Diese Abfolge ereignet sich in jeder Handlung, umfaßt aber auch jeweils zwei Leben.

28 s. th. I, 44, 3.

29 New Delhi, Reprint 1984, Bd. I, S. 124.

30 Sangharakshita, A Survery of Buddhismus, Shambala 1980, S. 108 ff.

31 Im Samyutta-Nikaya V, 10, einem Pali-Text, heißt es zu den fünf Skandhas:

    «Gleichwie bei Anhäufung der Teile
    Man da von einem Wagen spricht,
    Braucht man, sobald die Skandhas da sind,
    Den populären Namen ‹Mensch›.»

32 Sunyatasaptati-Karika, § 66.

33 Anguttara-Nikaya IV, 45.

34 Berkeley sagt: «Das Sein (esse) solcher Dinge (nichtdenkender Dinge, d. V.) ist Perzipiertwerden (percipi)», Berkeley, Eine Abhandlung über die Prinzipien der menschlichen Erkenntnis, Hamburg 1979, S. 26.

35 Samyutta-Nikaya XXII, 95.

36 Anguttara-Nikaya III, 137.

37 Samyutta-Nikaya XXV, 85.

38 Freiburg 1896.

39 S. 20.

40 Vgl. H. Buchner (Hrsg.), Japan und Heidegger, Sigmaringen 1989.

41 Samyutta-Nikaya IV, 34.

42 Vgl. hierzu: Geshe Lhündub Söpa, J. Hopkins, Der Tibetische Buddhismus, Köln 1976, S. 104 ff. Auch: M. Walleser, Die Sekten des alten Buddhismus, Heidelberg 1927.

43 Majjhima-Nikaya 72.

44 Texte der Kirchenväter, IV, S. 403.

45 Texte der Kirchenväter III, S. 83.

46 Contra Gentiles, 4, 81.

47 Majjhima-Nikaya 22.

48 Anguttara-Nikaya I, 20.

49 SN § 756.

50 Itivuttakam, 43.

51 Röm 12, 19. Andere Stellen: «Er, der jede Blutschuld rächt» (Ps 9, 13); «Er rächt sich an seinen Gegnern» (Jer 46, 10); «Ihr habt ein Feuer meines Zornes angezündet, das ewiglich brennen wird» (Jer 17, 4). Auch Haß wird Gott im Alten Testament zugesprochen: Ich hasse «den Übertreter» (Ps 101, 3), «die Flattergeister» (Ps 119, 113), «in rechtem Ernst» (Ps 139, 21); «Hassen hat seine Zeit» 72(Pred 3, 8). Dagegen heißt es im Neuen Testament: «Hasset nicht» (Luk 14, 26).

52 Itivuttaka 27.

53 s. th. I, 19, 2 ad 2.

54 C. G. I, 96.

55 In den grundlegenden Texten des Buddhismus werden drei «Körbe» unterschieden: Sutren, Regeln für Mönche und Nonnen (Vinaya) und philosophisch-psychologische Texte (Abhidharma). Die bekannteste Zusammenfassung der Lehren des Abhidharma erfolgte durch Vasubandhu; eine englische Übersetzung liegt von L. M. Pruden vor (Berkeley, California 1988, vier Bände).

56 So spricht z. B. der Theologe Schomerus von «dem ausgesprochenen Nihilismus, wie ihn ein Nagarjuna vertreten hat», H. W. Schomerus, Indien und das Christentum, I. Teil, Halle 1931, S. 155. Die meisten philosophischen Wörterbücher des Westens erwähnen nicht einmal Nagarjunas Namen. Eine große Ausnahme bildet Karl Jaspers' Buch «Aus dem Ursprung denkende Metaphysiker», der Nagarjuna sehr differenziert betrachtet. Er schreibt: «Die Leerheit erlaubt die größte Weite in der Bereitschaft, die Weltdinge aufzunehmen als Ausgangspunkt, um von ihnen her den Sprung zu finden. Die Gleichgültigkeit gegen alles Weltliche läßt auch alles zu. Daher die Toleranz des Buddhismus gegen andere Religionen, Lebensweisen, Weltbilder», K. Jaspers, Aus dem Ursprung denkende Metaphysiker, Stuttgart-Hamburg 1957, S. 347.

57 Dzogchen (Dzogpa-Chenpo) heißt «große Vollkommenheit» (Skt. maha ati) und ist das höchste von neun in der tibetischen Nyingma-Tradition unterschiedenen Fahrzeugen zur Befreiung; vgl. Lonchenpa, Buddha Mind, Ithaca-New York 1989; Dudjom Rinpoche, The Nyingma School of Tibetan Buddhism, zwei Bände, Boston 1991; Sogyal Rinpoche, Dzogchen & Padmasambhava, Berkeley 1989.

58 Mahamudra, wörtlich «große Geste», «großes Zeichen» ist das höchste Fahrzeug in der Tradition vor allem der Kagyü-Linie des tibetischen Buddhismus. Es weist viele Gemeinsamkeiten mit dem Dzogchen auf. Vgl. Tsele Natsok Rangdrol, Lamp of Mahamudra, Shambala 1989; Chokyi Nyima Rinpoche, The Union of Mahamudra and Dzogchen, Hong Kong 1986.

59 XXII, 90.

60 MK I, 1.

61 Sunyatasaptati-Karika, § 71.

62 Die drei Grundsätze des Pfades; in: Geshe Wangyal, Tibetische Meditationen, Zürich 1973, S. 81.

63 Zollikoner Seminare, S. 288.

64 Hier verkennt B., daß das Durch-Halten von der buddhistischen Auffassung, die im *Ergreifen* des atman der Dinge und des Selbst die Urtäuschung sieht, keineswegs grundsätzlich verschieden ist. Es wäre an P. gewesen, diesen Einwand vorzutragen, doch er hätte das Gespräch zu sehr auf eine andere Fährte gelenkt.

65 s. th. I, 44, 2.

66 Vgl. Sunyatasaptati-Karika, §§ 6–9.

67 Nagarjuna sagt, wenn der Schöpfer eine bedingte «Einheit wäre, wäre er nicht dauernd, da die Dinge (als Einheiten) offensichtlich nicht dauerhaft sind». Deshalb kann ein permanenter Schöpfer nicht «Dinge erschaffen, weder schrittweise noch auf einmal» (Sunyasaptati-Karika, § 9). Der Gedanke ist einfach: Bedingte Dinge sind nicht unbedingt; das Unbedingte kann aber nicht bedingen (verursachen, erschaffen usw.), weil es dann selbst nur ein Ding wäre: Ding sein heißt eben, be-dingen und be-dingt sein.

68 Sunyatasaptati-Karika, § 54.

69 Die Gespräche in Bodhgaya, Grafing 1989, S. 50.

70 Spiegel Nr. 23/1976, S. 206.

71 Und Nagarjuna fügt hinzu: «Wo immer sie sich verstecken mögen, die Leerheit lauert ihnen auf!» Sunyatasaptati-Karika, ed. C. Lindtner, Copenhagen 1982, S. 201.

72 T. R. V. Murti, The Central Philosophy of Buddhism, London 1955.

73 Wie H. V. Günther von der Kagyü-Schule behauptet, H. V. Günther, Tibetan Buddhism in Western Perspective, Dharma Publishing 1977, S. 162 ff.

74 XVII, ed. Suzuki, S. 53.

75 Dudjom Rinpoche galt bis zu seinem Tod (1987) als unangefochtenes Oberhaupt der Nyingma-Schule.

76 H. V. Günther, Philosophy & Psychology in the Abhidharma, Shambala 1976, vor allem Kapitel II; oder Lati Rinbochay, E. Napper, Mind in Tibetan Buddhism, Snow Lion 1980.

77 Majjhima-Nikaya 38.

78 Vishuddki-Magga, ed. Nyanatiloka, S. 515.

79 Anguttara-Nikaya I, 10.

80 Descartes schreibt, indem er seine Formel «Ego cogito, ergo sum» erläutert: «Unter Denken verstehe ich alles, was derart in uns geschieht, daß wir uns seiner unmittelbar aus uns selbst bewußt sind.» Die Prinzipien der Philosophie, I, 9; ed. Buchenau S. 3.

81 Aristoteles schreibt: «Man muß sich das vorstellen wie bei einer Tafel, auf der noch nichts wirklich geschrieben steht.» De Anima 430a 1 f.

82 Kant beschreibt die Aufgabe seiner «Kritik» so: «Wir werden also die reinen Begriffe bis zu ihren ersten Keimen und Anlagen im menschlichen Verstande verfolgen, in denen sie vorbereitet liegen.» (KrV A 66, B 91) Im Buddhismus würde man diesen «Keimen» (vgl. den Begriff «bijas») nicht widersprechen, allerdings kaum ak-

zeptieren, daß sie ewig und unaufhebbar in «der» Vernunft liegen. Es handelt sich vielmehr um karmische Samen, Muster, die wir Lebewesen in anfangloser Geschichte selbst erzeugt haben.

83 «Die Organisation der Sinnesorgane und der Nerven, die es Lebewesen möglich macht, sich in der Welt zurechtzufinden, ist stammesgeschichtlich in Auseinandersetzung mit und in Anpassung an jene reale Gegebenheit entstanden, die sie uns als phänomenalen Raum anschaulich erleben läßt. Sie ist also zwar für das Individuum insofern «apriorisch», als sie vor jeder Erfahrung da ist und da sein muß, damit Erfahrung möglich werde. Ihre Funktion ist aber historisch bedingt und nicht denknotwendig, es kann auch andere Lösungen geben», K. Lorenz, Die Rückseite des Spiegels, München 1973, S. 21.

84 H. R. Maturana, F. J. Varela, Der Baum der Erkenntnis, Bern et. al. 1987.

85 «Denn das stehende und bleibende Ich (der reinen Apperception) macht das Correlatum aller unserer Vorstellungen aus, sofern es bloß möglich ist, sich ihrer bewußt zu werden.» KrV A 123

86 Sein und Zeit, § 64. Zu Kant sagt Heidegger u.a.: «Einmal sieht er die Unmöglichkeit der ontischen Rückführung des Ich auf eine Substanz, zum anderen hält er das Ich als ‹Ich denke› fest. Gleichwohl faßt er dieses Ich wieder als Subjekt und damit in einem ontologisch unangemessenen Sinne.» Sein und Zeit, S. 320

87 Kapitel XV. Das Tantra der Verborgenen Vereinigung (Guhyasamaja-Tantra), hrsg. v. P. Gäng, München 1988, S. 238.

88 Traditionell versteht man unter Samsara den Kreislauf der Wiedergeburten, der nur durch die vollständige Erleuchtung überwunden werden kann: Samsara beruht auf dem Nichtwissen (vgl. das «Lebensrad» oder die «Bedingte Entstehung»). Nirvana – als Gegenbegriff zu Samsara – bedeutet aus dem Wissen um die eigene Natur gewonnene Befreiung. Samsara und Nirvana bleiben aber duale Kategorien, die in einem gemeinsamen Urgrund (alaya) ruhen. Im Tantra betont man die Untrennbarkeit von Samsara und Nirvana und lehnt Nirvana als isoliertes Heilsziel ab, das von einigen Schulen des Hinayana verfolgt wird.

89 Anguttara-Nikaya 48.

90 Buddhaghosha, Visuddhi-Magga, l. c. S. 493.

91 Zollikoner Seminare, l. c. S. 221.

92 In: H. V. Günther, Tibetan Buddhism in Western Perspective, Dharma Publishing 1977, S. 115 ff.

93 ed. Büttner, S. 181.

94 Das Leben des heiligen Thomas von Aquin, erzählt von Wilhelm von Tocco, und andere Zeugnisse, Düsseldorf 1965, S. 232.

95 Wahrheit der Dinge, München 1951.

96 s. th. I, 14, 11.

97 Vgl. De veritate I, 2; Pieper, l. c. S. 52.

98 s. th. I, 14.

99 Ibd.

100 Pieper, l. c. S. 37. Vgl. hierzu die im Tantra häufige Darstellung von Paaren, die eng umschlungen sind und das grundlegende Erkenntnisprinzip [rigpa] zur Anschauung bringen [Yab-Yum].

101 Gesamtausgabe Bd. 20, S. 56f.

102 Pieper, l. c. S. 33.

103 s. th. I, 14, 12.

104 s. th. I, 9, 2.

105 WW 18, S. 45.

106 Shunyatasaptati-Karika, § 18.

107 Vgl. A. Klein, Knowledge and Liberation, New York 1986, Kapitel 5.

108 79a.

109 Chris Gudmunsen hat in seinem Buch: «Wittgenstein and Buddhism», Macmillan 1977, diese These vertreten.

110 II, 14.

111 DN II, 15 (Übersetzung: Neumann).

112 ed. Suzuki, S. 91; in diesem Sutra werden davon allerdings reine Buddhaländer ausgenommen.

113 Z. B. Kapitel 23: «Es gibt keine Gottheit; solches ist bloß ein Wort.»

114 Kapitel 9.

115 «There is no buddha who became enlightened without having relied upon a spiritual teacher», Dilgo Khyentse, The Wish-Fulfilling Jewel, Boston-London 1988, S. 10. Entscheidend ist hier die Frage, was man mit «Lehrer» bezeichnet. Im Dzogchen sagt man: Vertraue nicht dem Lehrer, vertraue der Lehre.

116 Die Schwierigkeit erwächst aus dem Begriff «Ich». Das «Ich» kann nicht Erleuchtung erlangen, denn Erleuchtung ist Befreiung vom Ich. Der Lehrer ist das Prinzip der Erleuchtung als äußere Manifestation für ein im Ich-Wahn befangenes Wesen. Es wird immer be-

tont, daß das die eigene Buddhanatur [rigpa], der absolute Guru [Lama] ist. Vergleiche hierzu ausführlicher das Nachwort.

117 Der Begriff Erleuchtung wurde besonders von der Aufklärung als «Aufhellung des Geistes» oder im Sinne von Descartes als «reines Denken der Idee» verstanden. Das Wort «erleuchten» [mhd. erliuhten, ahd. irliuhtan] bedeutet ursprünglich «erhellen, sehend machen, eingeben».

118 ed. Quint, S. 177.

119 Ibd., S. 179.

120 ed. Büttner, S. 183.

121 ed. Quint, S. 421.

122 s. th. I, 12, 9.

123 ed. Quint, S. 413.

124 Ibd., S. 324.

125 Ibd.

126 ed. Quint, S. 384.

127 ed. Quint, S. 195.

128 ed. Büttner, S. 110.

129 Eckhart, ed. Quint, S. 175.

130 Longchenpa, You are the Eyes of the World, Lotsawa 1987, S. 32.

131 M. Heidegger, GA Bd. 53, S. 68.

132 Abhandlung über die Auferstehung; M. Krause, K. Rudolph (Hrsg.), Die Gnosis II, Zürich-Stuttgart 1991, S. 88.

133 «Wer sucht, soll nicht aufhören zu suchen, bis er findet; und wenn er findet, wird er erschüttert sein; und wenn er erschüttert worden ist, wird er sich wundern und wird über das All herrschen.» Thomas-Evangelium, Log. 2.

134 Mark 6, 2.

135 Majjhima-Nikaya I, 26; ed. Schmidt, S. 90.

136 W. Y. Evans-Wentz, Der Geheime Pfad der großen Befreiung, Weilheim 1972, S. 180.

137 Log. 103.

138 Meister Linji, Begegnungen und Reden, übers. v. P. Brun, Zürich 1986, S. 69.

139 Log. 68.

140 Anguttara-Nikaya III, 66.

141 Digha-Nikaya 16.

142 Sutta-Nipata, § 856; ed. Nyanaponika, S. 184.

143 Bodhidharmas Lehre des Zen, hrsg. v. R. Pine, München 1990, S. 31.

144 Ramana Maharishi, Sei, was du bist!, Bern 1985, S. 120; den Ausdruck «Mörder» bezieht Ramana Maharishi auf Menschen, die ihr Selbst nicht verwirklichen und insofern «ermorden».

145 Santideva geht sogar noch einen Schritt weiter: «Auch die, die Bilder, Stupas, die Wahre Lehre zerstören und schmähen, verdienen meinen Haß nicht, denn die Buddhas und die anderen Vollendeten leiden nicht darunter.» Santideva, Bodhcaryavatara VI, 64; ed. E. Steinkellner, Düsseldorf-Köln 1981, S. 70.

146 Diese Frage sollte allerdings fairerweise gerade von Buddhisten von der *praktischen* Nächstenliebe getrennt werden. Auch wenn die Mahayana-Schriften erfüllt sind von zahllosen anrührenden Geschichten hingebungsvoller Bodhisattvas und die Praxis des Mitgefühls zum Geistestraining des Buddhismus gehört, in den Elendsgegenden dieser Welt wird man eher selten Buddhisten finden; während einfache Christen dort tausendfach anonym den Geist der Bergpredigt praktizieren.

147 Matth 10, 39; vgl. 16, 25; Mark 8, 35; Luk 9, 24; 7, 33.

148 Dogen, Shobogenzo Bd. I, Zürich 1975, S. 24.

Glossar

Abhidharma [Skrt., Pali: Abhidhamma], die «besondere Lehre»; der dritte Teil des buddhistischen Kanons (→ Tripitaka); ursprünglich aus Wortlisten der → Sutren entstanden. Der Abhidharma stellt ein Kompendium der Philosophie und Psychologie dar und bildet die systematische Lehrgrundlage der Hinayana- und Mahayana-Schulen des Buddhismus. Es gibt zum Abhidharma zahlreiche Kommentare (→ Vasubandhu; → Buddhaghosha).

Achtfacher Pfad → Vier Wahrheiten.

Achtsamkeit → sati; → vidya; → rigpa; → Dzogchen. Etwas «achten» heißt auch, es nicht zu ergreifen. Die Achtsamkeit ist deshalb der direkte Zugang zur Natur des Geistes, zur → Buddha-Natur. Die verwirklichte Achtsamkeit ist mit der → Leerheit identisch. Die Übung der Achtsamkeit erweckt → bodhicitta.

alaya [Skrt., Tib. kung gzhi], «Urgrund». Der Begriff taucht zuerst bei den → Cittamatrins auf in der Verbindung alaya-vijnana (= Speicherbewußtsein), vor allem im → Lankavatara-Sutra. Das alaya-vijnana ist der Träger («Speicher») der karmischen Samen, die durch Taten (→ karma) hervorgerufen werden. Psychisch vergleicht → Jikme Lingpa alaya mit Zuständen der Ohnmacht, des Tiefschlafs usw. Hier bedeutet alaya einen letzten Schleier vor dem eigentlichen Urgrund (= Leerheit), den zu zerreißen die Aufgabe zahlreicher spiritueller Praktiken ist (→ vijnana).

alaya-vijnana → alaya; → vijnana.

aliquid [Lat.], wörtl. «etwas Bedeutendes, Besonderes», in der → scholastischen Philosophie in der Bedeutung von «abgetrennt von anderem».

Ananda [Pali], Schüler des → Buddha, berühmt vor allem für seine Fähigkeit, einmal Gehörtes wörtlich zu behalten.

an-atman [Skrt., Pali: anatta], wörtlich «Nicht-Selbst» (oder: «nicht das Selbst»). Von allen Phänomen wird gesagt, sie seien an-atman. Das heißt: Sie haben kein Wesen je für sich. Was immer sie sind, sie sind durch je anderes bedingt. Buddha sagt, daß alle Phänomen so zu betrachten seien: «Dies ist nicht mein, das bin ich nicht, das ist nicht mein Selbst (→ atman).»

Anguttara-Nikaya, angereihte Sammlung des Sutren-Korbes → Tripitaka.

Aristoteles (384–322 v. Chr.), neben → Platon der einflußreichste Philosoph des Abendlandes; wurde in der → Scholastik als «der» Philosoph bezeichnet; vertritt die Auffassung, daß Dinge aus Materie und Form zusammengesetzt sind.

Asanga [Skrt.], 4. Jh., Name eines der Begründer der «Nur-Geist-Schule» (→ Cittamatrin); sein Bruder war → Vasubandhu.

atman [Skrt., Pali: atta], «Ich, Selbst». Es wird von Menschen und Dingen ausgesagt: atman ist die Selbstnatur (svabhava; → Substanz) der Menschen und Dinge (→ ego). Der atman ist in der Hindu-Spekulation (→ Vedanta) das Wesen der Welt, die → Substanz der Welt. Es gibt aber auch hinduistische Schulen, die je etwas Besonderes mit dem atman identifizieren (Bewußtsein, Atem usw.).

Augustinus, Aurelius (354–430), Kirchenvater und Philosoph; in der → Scholastik vielfach zitierte Autorität.

Averroës [Lat., Arab.: Mohammad ibn Ruschd] (1126–1198), einflußreicher Vertreter des arabischen Aristotelismus und wichtiger Vermittler des Aristoteles für das Mittelalter.

Avicenna [Lat., Arab.: Ibn Sina] (980–1037), persisch-indischer Abstammung, arabischer Philosoph und Arzt, der die aristotelische mit der neuplatonischen Philosophie verschmolz; beeinflußte → Thomas von Aquin.

avidya [Skrt., Pali: avijja, Tib.: marigpa], «Nicht-Wissen», «Verblendung». Avidya ist die erste Bedingung in der zwölfgliedrigen Entstehung (→ pratityasamutpada), der Grund für alles → karma und den Kreislauf des Leidens. Avidya ist kein Mangel an begrifflichem Wissen und auch nicht durch Wissenserwerb zu beseitigen; avidya ist ein Seinsgrund aller Phänomene, deren Wesen und Erscheinen gerade darin besteht, daß sich ihre Natur (→ sunyata) verbirgt.

Bedingte Entstehung → pratityasamutpada.

Berkeley, George (1684–1753), irisch-englischer Philosoph und Theologe; lehrte einen strikten Immaterialismus, wonach alles Sein auf dem Wahrgenommenwerden beruht (esse est percipi).

bhava [Skrt., Pali], «Sein» (svabhava = Selbstsein, substantielles Sein; → Substanz). Das zehnte Glied der → Bedingten Entstehung. Eigentlich ist bhava die endlos wiederholte und erneute Verkörperung in einer Situation, der jeweils erneute Entwurf der Welt und des eigenen Ich, das sich von der Welt durch «mein» und «nicht mein» abgrenzt.

bodhi [Skrt.], «Erwachen», davon abgeleitet: → Buddha, → bodhicitta, → Bodhisattva.

bodhicitta [Skrt.], «Erleuchtungs-Geist», «erwachter Geist» (→ bodhi = Erwachen; → citta = Geist); oft mit «Mitgefühl» übersetzt (= relatives bodhicitta, → karuna). Der Grund für die Identifikation von Erleuchtungs-Geist und Mitgefühl liegt im Übersteigen der Ich-Grenzen in der Erleuchtung, wodurch der, die oder das Andere aufhört, ein Du/Es für ein Ich zu sein. Diese Leerheit läßt jede Erscheinung gewähren, sie räumt allen Phänomenen ohne Vorurteil einen Raum ein, ist weich und unendlich eröffnend (absolutes bodhicitta).

Bodhidharma → Zen.

Bodhisattva [Skrt.], wörtl. «Erleuchtungswesen». Das Bodhisattva-Ideal zählt weitgehend zum Mahayana-Buddhismus. Der Bodhisattva verzichtet auf den Eingang ins → nirvana, bis alle Wesen vom Leiden befreit sind. Seine sechs Eigenschaften sind: 1. Freigebigkeit, 2. Sittlichkeit, 3. Geduld,

4. Ausdauer, Energie, 5. Meditation und 6. Weisheit. Als seine Tugenden gelten Liebe (→ maitri) und Mitgefühl (→ karuna; → bodhicitta).

Buddha [Skrt., Pali], «der Erwachte»; ursprünglich der Name für Gautamo Buddha, auch Sakyamuni Buddha, der als Fürstensohn aus dem Geschlecht der Sakyas nach westlichen Angaben 563 v. Chr. geboren wurde und achtzigjährig ins Parinirvana einging. Im tieferen Sinn ist Buddha der Name für das Wesen aller Lebewesen (→ Buddha-Natur).

Buddhaghosha [Skrt., Pali], «Stimme des Buddha», 5. Jh.; wichtiger Gelehrter der Schule des südlichen Buddhismus (→ Theravada); sein Hauptwerk ist die Visuddhi-Magga («Weg der Reinheit»), ein Kommentar zum → Abhidharma.

Buddha-Natur [Skrt.: buddhata; sugatagarbha], das namenlose Wesen aller Lebewesen. Die Buddha-Natur übersteigt jede Dualität von personal oder nicht-personal (ist also kein personaler Gott), auch jede Dualität von Sein und Nichts, von Erreichen und Nicht-Erreichen, allmählich und plötzlich. Ein → Buddha ist jemand, der zur Buddha-Natur erwacht ist.

citta [Skrt.], «denkender Geist»; Synonym von → vijnana und → manas. Citta umfaßt alle geistigen Vorgänge. Im → Abhidharma werden zahlreiche Geistfaktoren unterschieden und klassifiziert, in der → Cittamatrin-Schule wird citta mit dem → alaya-vijnana identifiziert (→ vak).

Cittamatrin [Skrt.], die «Nur-Geist-Schule», auch Yogachara (jene, die den Yoga pflegen). Die Schule wurde von → Asanga und → Vasubandhu begründet; sie bildet die Hauptgrundlage des chinesischen Cha'an und japanischen → Zen, hat aber auch die → Nyingma- und die → Kagyü-Schule des tibetischen Buddhismus stark beeinflußt. Die Cittamatrin vertreten die Auffassung, daß alle Phänomene Spiegelungen des (leeren) Geistes sind, dessen Natur nur in spiritueller Praxis (Yoga, Za-zen; → Zen), nicht durch bloßes Denken durchschaut werden kann. Ein zentraler Begriff der Cittamatrins ist das → alaya-vijnana.

cogitare [Lat.], «denken, vorstellen, erkennen; Gedanke», abendländischer Grundbegriff für das Erkennen und das Bewußtsein.

Dalai Lama [Mongol.-Tib.], wörtlich «Lehrer, dessen Weisheit so groß wie der Ozean ist»; ein vom Mongolenfürst Altan Khan (1578) dem Oberhaupt der → Gelugpa-Schule des tibetischen Buddhismus verliehener Ehrentitel. Der gegenwärtige, seit 1959 im Exil in Indien lebende 14. Dalai Lama Tenzin Gyatso wurde 1935 geboren.

dharma [Skrt., Pali: dhamma], hat mehrere Bedeutungen. Buddhisten sprechen vom «dharma» meist als der Lehre, die es zu praktizieren gilt. Ursprünglich heißt dharma Gesetz (im Sinne eines Gesetzestextes), im weiteren Sinn jede Vorschrift oder Lehre. Im Buddhismus wird mit dharma → Buddhas Lehre bezeichnet. Diese Lehre liegt in schriftlicher und mündlicher Überlieferung vor; dharma bezeichnet auch das Ziel, das durch diese Lehre erreicht wird (→ Buddha-Natur, → Dharmakaya), die Einsicht in die Leerheit aller Wesen und Phänomene. Im → Abhidharma bezeichnet man mit «dharmas» auch elementare Phänomene, die in Verbindung mit je besonderen Geisteszuständen auftreten. Es ist die Kernaussage des Buddhismus, daß alle dharmas leer, ohne Selbst-Natur (svabhava; → Substanz) sind (Pali: sabbe dhamma anatta = alle Phänomene sind nicht das Selbst).

Dharmakaya [Skrt.], wörtl. «Körper des dharma». → Buddha sagte: «Wer immer den → dharma sieht, sieht mich» [Samyutta-Nikaya XII 87, 13]. Da Buddhas Erleuchtung jenes Sein offenbart, aus dem alle Phänomene hervorgehen, wurde der Urgrund (→ alaya) auch als «Wahrheits-Körper» (= Dharma-Kaya) bezeichnet. Der Dharmakaya ist der erleuchtete Aspekt des Urgrunds, die Wurzel von → nirvana. Als «Träger» der Gewohnheiten (→ karma) wird er die Wurzel von → samsara.

dhyana [Skrt.], zusammenfassender Begriff für die Arbeit mit dem eigenen Geist und den dadurch erreichten Meditationszustand. Der Begriff dhyana wurde auf chinesisch zu Cha'an und in Japan zu → Zen (→ samadhi; → Vier Wahrheiten).

Digha-Nikaya, Sammlung der längeren Lehrreden des Sutren-Korbes → Tripitaka.

Dilgo Khyentse → Nyingma-Schule.

Dionysios Areopagita, Pseudonym für einen um 500 lebenden Verfasser mystischer Schriften; stark beeinflußt vom Neuplatonismus. Im Hochmittelalter ein sehr geschätzer Autor, der auch von → Thomas von Aquin vielfach zitiert und kommentiert wird.

Dogen → Zen.

Dudjom Rinpoche → Nyingma-Schule.

Dzogchen [Tib., Skrt.: Mahasandi oder Ati-Yoga], «Große Vollendung»; Hauptlehre der → Nyingma-Schule des tibetischen Buddhismus. Weil Dzogchen durch einen Lehrer direkt in die → Buddha-Natur einführt, wird sie als «groß» bezeichnet (Ati = alles überragender Gipfel), weil sie Hilfsmittel nur als Hindernisse betrachtet, wird diese Lehre als «vollendet» bezeichnet. Dzogchen wurde von Garab Dorje (geb. 55. n. Chr.) als erstem Menschen in 6,4 Millionen Versen gelehrt, von Manjusrimitra systematisiert, von → Padmasambhava und Vimalamitra im 8. Jahrhundert nach Tibet und von → Longchenpa und → Jikme Lingpa in jene Form gebracht, in der sie heute noch tradiert wird.

ego [Lat.], «Ich»; in der Philosophie Descartes' mit dem Denken identifiziert (ego cogito). Das entsprechende Sanskritwort → atman wird von ego nur unvollständig wiedergegeben, weil atman auch von Sachen, von Dingen ausgesagt wird; im Abendland hat sich hierfür der Begriff der → Substanz durchgesetzt.

Eckhart → Meister Eckhart.

Gelassenheit [Skrt. upeksa]; Indifferenz gegenüber den Dingen im Sinn von: Gewährenlassen (→ bodhicitta), Gleich-gelten-Lassen, Nicht-Werten; erhält ihren Sinn nur neben Liebe, Mitleid und Mitfreude (→ Vier Unermeßlichkeiten).

Gelug-Schule [Tib.], «Schule der Tugendhaften», eine der vier Hauptschulen des tibetischen Buddhismus, von Tsongkhapa (1357–1419) begründet. Sie legt besonderen Wert auf die Einhaltung der → vinaya und lehnte es ursprünglich ab, Termas (später entdeckte, verborgene Texte) als autoritativ anzuerkennen. Im Unterschied zum direkten Weg des → Dzogchen der alten Schule (→ Nyingma-Schule) lehrt die Gelug-Schule den

Stufenweg der spirituellen Praxis (Lamrim). In der Person des → Dalai Lama hat die Gelug-Schule seit dem 17. Jahrhundert in Tibet auch die politische Führung inne.

Hegel, Georg Wilhelm Friedrich (1770–1831), lehrte in Jena, Heidelberg und Berlin Philosophie; Vertreter eines objektiven Idealismus, demzufolge die erscheinende Welt die Selbstentfaltung der Idee ist, die Hegel mit Gott identifiziert; leugnet ein «Ding an sich» (→ Kant).

Heidegger, Martin (1889–1976), wichtigster abendländischer Philosoph dieses Jahrhunderts; zentral für seine Philosophie ist die Frage nach dem Sinn von Sein; wird auch in Japan von Lehrern des → Zen vielfach kommentiert.

Herz-Sutra (Prajnaparamita-Hrdya-Sutra) → Mahayana; → rupa.

Hinayana [Skrt.], wörtl. «Kleines Fahrzeug». Ursprünglich abfällige Bezeichnung der → Mahayana-Schulen für die Anhänger jener buddhistischen Schulen, die vorwiegend von Mönchen getragen wurden und deren Hauptinteresse die individuelle Selbstbefreiung war. Diese Kennzeichnung trifft nur auf einige Sekten zu. Die Gleichsetzung von Hinayana mit dem → Theravada-Buddhismus (Sri Lanka, Burma, Thailand, Vietnam) ist unzulässig. Der ursprüngliche Buddhismus, wie er im → Pali-Kanon überliefert wurde, enthält nahezu alle Elemente der Schulen des → Mahayana, behält aber die Auffassung bei, daß → Buddha kein übernatürliches Wesen ist. Die vielfach wiederholte Behauptung, im Hinayana bzw. im → Theravada fehle die Tugend des Mitgefühls (→ karuna), beruht auf Unkenntnis des → Pali-Kanons.

jara-marana [Skrt., Pali], «Alter und Tod», zwölftes Glied der zwölfgliedrigen Bedingten Entstehung (→ pratityasamutpada). Neben seiner unmittelbaren Bedeutung ist damit auch das endlose Sterben des Ich gemeint, das in seinem Versuch, die Welt zu ergreifen, schließlich immer scheitert.

jati [Skrt., Pali], «Wiedergeburt», elftes Glied der zwölfgliedrigen Bedingten Entstehung (→ pratityasamutpada). Neben der wörtlichen Bedeutung (Reinkarnation = Wiederverkörperung) auch die endlose Neu-Verkörperung in sich wandelnden Situationen. «Körper» (kaya) ist hierbei nicht nur der eigene Leib, sondern auch das, als was die Umstände einer Situation ver-meint werden.

Jikme Lingpa → Nyingma-Schule.

jnana [Skrt., Tib.: yeshe], von der Wurzel «jna», «Wissen». Ursprünglich das klare, begriffliche Wissen, das die rationalen Lehrinhalte des → dharma (vor allem des Abhidharma) zu erfassen vermag. Im → Dzogchen bedeutet jnana (yeshe) die Aufrechterhaltung der frischen, ungetrübten → Achtsamkeit (→ sati). Im Hinduismus der intellektuelle, nachforschende Weg der Selbsterkenntnis, wie er im 20. Jahrhundert vor allem von Ramana Maharishi (1879–1950) gelehrt wurde (→ Vedanta).

Kagyü-Schule, eine der vier Hauptschulen des tibetischen Buddhismus; wichtigste Lehre ist das → Mahamudra. Bedeutende Lehrer der Kagyü-Linie sind Naropa, Marpa, Gampopa und die verschiedenen Inkarnationen der Karmapas.

Kant, Immanuel (1724–1804), Philosoph, lebte und lehre sein ganzes Leben in Königsberg; zählt zu den idealistischen Philosophen, sofern er sagt, daß alle Erfahrungen nur Erscheinungen für das Bewußtsein sind; glaubte aber an verursachende «Dinge an sich» außerhalb des Bewußtseins (→ tabula rasa).

karma [Skrt.], wörtl. «Tat, Handeln», die Tat und das durch Taten Bewirkte. Wie das Wort «Wirklichkeit» alles Seiende als etwas Bewirktes beschreibt, gilt im Buddhismus die Welt der Erscheinungen als «karmische Vision», d. h. als das, was durch die Taten des verblendeten Geistes hervorgebracht wurde. Im engeren Sinn ist karma jener Aspekt des Handelns, der zur (unbewußten) Gewohnheit wird. Im Buddhismus vertritt man aber auch die Auffassung, daß Taten über das Individuum hinausreichen und – da das Ich nur eine Illusion ist – für viele Lebensperioden wirksam werden können. Sie bleiben als Gewohnheiten (bijas) im transpersonalen Bewußtsein (→ alaya-vijnana) «aufbewahrt»; auch Naturvorgänge sind in diesem Sinne karma (Gewohnheiten der Natur).

karuna [Skrt., Pali], «Mitleid, Mitgefühl», Haupttugend des → Bodhisattva (auch: maha-karuna), eine der → Vier Unermeßlichkeiten.

kaya [Skrt.], «Körper»; im Sinne von Verkörperung, in Erscheinung treten; → Dharmakaya; → vak.

Lankavatara-Sutra → alaya; → Mahayana; → vijnana.

Leerheit → sunyata.

Longchenpa → Nyingma-Schule.

Madhyamika [Skrt.] (Vertreter der) «mittlere(n) Lehre», die von → Buddha begründete und von → Nagarjuna systematisierte Lehre von der Vermeidung der Extreme. «Zu sagen, daß alles ist, ist die eine Übertreibung; zu sagen, daß alles nicht ist, ist die andere Übertreibung. Diese beiden Übertreibungen vermeidet der Vollendete und verkündet die mittlere Lehre», sagte → Buddha [→ Samyutta-Nikaya, XXII, 90]. Damit ist ausgesprochen, daß alle Extreme begrifflicher Natur sind, die → Leerheit aber nicht begrifflich erfaßt werden kann. Weitere Vertreter waren Aryadeva (3. Jh.), Buddhapalita (5. Jh.), Candrakirti, Santiraksita und Kamalasila (8. Jh.). Besondere Berühmtheit erlange Santideva (7.– 8. Jh.), dessen Text «Bodhicaryavatara» (Eintritt in das Leben zur Erleuchtung) auf besonders eindringliche Weise die Anleitung zum Leben als → Bodhisattva mit der Leerheit verbindet.

Madhyamika-Karika → Nagarjuna.

Mahamudra [Skrt.], wörtl. «große Geste», «großes Zeichen», das höchste Fahrzeug in der Tradition vor allem der Kagyü-Linie des tibetischen Buddhismus, weist viele Gemeinsamkeiten mit dem → Dzogchen auf.

Mahayana [Skrt.], wörtl. «großes Fahrzeug»; ursprüngliche Kennzeichnung jener Schulen, die dem Ideal des → Bodhisattva folgen und auf endgültige individuelle Befreiung so lange verzichten, bis alle Wesen erlöst sind (→ bodhicitta). Der Kern der Philosophie des Mahayana ist die Leerheit (→ sunyata), wie sie vor allem von → Nagarjuna und den → Cittamatrins formuliert wurde. Das Mahayana verfügt über zahlreiche weitere, nicht im → Pali-Kanon enthaltene → Sutren. Die wichtigsten Sutren sind hierbei die Prajnaparamita-Schriften (→ prajna), davon die bekannteste das Herz-Sutra; ferner das Diamant-Sutra und das Lankavatara-Sutra.

maitri [Skrt., Pali: metta], «Güte, Liebe, Erbarmen», gehört neben → karuna (= Mitgefühl) zu den Haupttugenden eines → Bodhisattva; → Vier Unermeßlichkeiten.

Majjhima-Nikaya, Sammlung der Mittleren Lehrreden des Sutren-Korbes im → Tripitaka.

manas [Skrt.], «Geist, Verstand», die sechste der sechs Bewußtseinsarten (→ vijnana), bei den → Cittamatrins eine von acht Bewußtseinsarten, die etwa die Rolle des Ich-Bewußtseins spielt und im verblendeten Geist die Kontrolle über die anderen Bewußtseinsarten ausübt.

Mandala [Tib.], wörtl. «Kreis», äußerlich die bildliche oder symbolische Darstellung einer Gottheit, umringt von verschiedenen Helfern oder Beschützern. Das bekannteste Mandala ist das zwölfgliedrige Lebensrad, mit dem die Bedingte Entstehung (→ pratityasamutpada) dargestellt wird. Mandalas werden im → Tantra innerlich visualisiert oder in den höheren Tantras (→ Dzogchen) direkt erschaut.

Mantra [Skrt.], «heilige Silben», eigentlich «das, was den Geist schützt». Mantren werden in Verbindung mit Visualisierungsübungen zur Reinigung von Gedanken und zur Transformation von Emotionen verwendet (→ Tantra).

Mantrayana [Skrt.], drittes buddhistisches Fahrzeug (yana), auch Tantrayana oder Vajrayana, neben dem → Hinayana und dem → Mahayana (→ Tantra). Es erhält seinen Namen durch die überwiegende Verwendung von → Mantras.

Meister Eckhart (1260–1327), Dominikaner und Lehrer in Paris, Straßburg, Frankfurt und Köln; größter deutscher Mystiker, Zeitgenosse von Dogen (→ Zen) und Longchenpa (→ Nyingma-Schule). Obgleich Eckhart an → Thomas von Aquin und Albert den Großen anknüpfte, führte er deren Theologie sowohl in spekulativer wie in praktischer Hinsicht sehr viel weiter. Seine Lehren wurden in einer Bulle vom 27. März 1329 in 28 Thesen verurteilt; viele der verurteilten Sätze weisen eine große Nähe zum Buddhismus auf.

Nagarjuna [Skrt.], ca. 2./3. Jh., der wichtigste Begründer der Schule der → Madhyamikas. Über sein Leben gibt es wenig verläßliche Überlieferungen. Nagarjuna soll unter einem Baum geboren worden sein und im Reich der Nagas unter dem Meer bislang unbekannte Schriften des → Buddha (Prajnaparamita-Schriften; → prajna) entdeckt haben («Naga» = Schlange, «Arjuna» = Baumart). Seine wichtigste Schrift ist der Madhyamika-Karika (MK) («Verse über die Mittlere Lehre»), in der er die Lehre von der → sunyata systematisch begründet und entwickelt.

nama-rupa [Skrt., Pali], «Begriff und Form», die Dualität des Geistig-Körperlichen, die durch das Ergreifen der fünf → Skandhas entsteht. Durch Begriffe (nama) wird die reine Wahrnehmung der Formen (rupa) an Gewohnheiten gebunden und die reine Achtsamkeit der Gegenwart getrübt; → pratityasamutpada; → vedana; → vijnana.

Nirmanakaya [Skrt.], wörtl. «Körper der Verwandlung», der irdische oder weltliche Körper eines → Buddha, den ein Buddha wählt, um die Wesen zur Befreiung zu führen (→ Trikaya).

nirvana [Skrt., Pali: nibbana], «das Wahnlose» (K. E. Neumann), im früheren Buddhismus das Heilsziel des buddhistischen Weges (→ Vier Wahrheiten). Formal ist nirvana der durch Einsicht rückwärts durchlaufene zwölfgliedrige Daseinskreislauf (→ pratityasamutpada). Im Mahayana nur ein Extrem der → samsara und → nirvana umfassenden Wirklichkeit. → Buddha hat es abgelehnt, nirvana positiv zu definieren; es ist jener Zustand des Erwachens (→ bodhi), in dem alle Täuschungen und Illusionen verschwunden sind. Ein → Bodhisattva lehnt es ab, in diesem Zustand zu verweilen und kehrt zu → samsara zurück, um allen Wesen zu helfen (→ parinirvana).

Nyingma-Schule [Tib.], Schule der alten Überlieferung im tibetischen Buddhismus. Die Nyingma-Schule kennt keine einheitliche Lehre und Organisation, sondern umfaßt eine Vielzahl von Traditionen und Praktiken. Das besondere Kennzeichen der Nyingma-Tradition ist aber die → Dzogchen-Lehre. Herausragende Lehrer dieser Schule waren Longchenpa (1308–1364), Jikme Lingpa (1730–1798) und in der Gegenwart Dudjom Rinpoche (1904–1987) und Dilgo Khyentse Rinpoche (1910–1991).

Padmasambhava [Skrt.], «Der aus dem Lotus Geborene», in Tibet meist «Guru Rinpoche» genannt; Zeitgenosse des tibetischen Königs Trison Detsen (755–797), gilt in der → Nyingma-Schule als wichtigster Begründer des tibetischen Buddhismus, von seinen Anhängern auch als «zweiter Buddha» bezeichnet. Er brachte tantrische Meditationstechniken nach Tibet und gilt auch als Meister des → Dzogchen.

Pali-Kanon, einziger vollständig überlieferter Kanon ursprünglicher buddhistischer Schriften, der seinen Namen von der Sprache erhält, in der er verfaßt wurde (der Sprache des → Buddha). Herzstück des Pali-Kanon sind die fünf Sammlungen mit Reden (→ Sutra) des Buddha (Digha-Nikaya, Majjhima-Nikaya, Samyutta-Nikaya, Anguttara-Nikaya, Khuddaka-Nikaya). Sie liegen in englischen, zum Teil in deutschen Übersetzungen vor (→ Tripitaka).

parinirvana [Skrt.], «endgültiges Verlöschen», → nirvana ohne Rest.

Platon (427–347 v. Chr.), neben → Aristoteles der einflußreichste Philosoph des Abendlandes; vertrat die Auffassung, daß die Welt der Wahrnehmung nur eine unvollkommene Erscheinung der Ideen ist, die abgetrennt von der Erfahrungswelt als reine Wesenheiten existieren. Begründer der Metaphysik.

prajna [Skrt., Pali: panna], «Weishcit», eigentlich die Weisheit, die Einsicht in die Leerheit (→ sunyata) gewonnen hat. Das Erlangen von prajna wird im → Mahayana und im → Zen deshalb mit der Erleuchtung gleichgesetzt. Die Lehre von prajna wird vor allem in den Prajnaparamita-Schriften, z. B. im → Herz-Sutra, vermittelt. Für einen → Bodhisattva ist prajna eine der Vollkommenheiten, die er auf seinem Weg erlangen muß. Die ersten beiden Stufen des Edlen Achtfachen Pfades (→ Vier Wahrheiten) werden mit prajna gleichgesetzt.

pratityasamutpada [Skrt., Pali: paticcasamuppada], wörtl. «Bedingte Entstehung», allgemein die wechselseitige Bedingtheit aller Phänomene. Da alle Phänomene (→ dharmas) wechselseitig bedingt sind, existiert kein Phänomen aus sich selbst, hat kein Sein für sich selbst (→ Substanz = svabhava), folglich sind alle Phänomene leer (→ sunyata). Im engeren Sinn ist pratityasamutpada die zwölfgliedrige Kette des abhängigen Entstehens: 1. Nichtwissen (avidya) → 2. Karmische Muster (samskara)

→ 3. Bewußtsein (vijnana) → 4. Begriff und Form (nama-rupa) → 5. Sechs Sinnesgebiete (sadayatana) → 6. Sinneseindrücke, Kontakt (sparsha) → 7. Empfindung, Gefühl (verdana) → 8. Gier, Verlangen (trshna) → 9. Anhaften, Ergreifen (upadana) → 10. Werden, Eintritt in einen Mutterschoß (bhava) → 11. Geburt (jati) → 12. Alter und Tod (jara-marana); → Vier Wahrheiten.

principium individuationis [Lat.], «Individuationsprinzip», dasjenige, das etwas zu einem abgegrenzten (→ aliquid) Individuum oder Ding macht. → Thomas von Aquin nimmt wie Aristoteles als Individuationsprinzip die Materie an, Dun Scotus (→ Scholastik) sieht darin etwas Ursprüngliches. Das Individuationsprinzip kann als abendländischer Gegenbegriff zu → pratityasamutpada betrachtet werden und besitzt Ähnlichkeit mit dem → atman.

rigpa [Tib.], wörtl. «Intellekt», im spirituellen Sinn das ursprüngliche Gewahrsein, die grundlegende → Achtsamkeit (→ vidya); verwandt ist sems nyid [Tib.], «Natur des Geistes», im Unterschied zum verblendeten, denkenden Geist (Tib.: sems). Gegenbegriff: marigpa (→ avidya).

rupa [Skrt., Pali], «Form», erstes der fünf → Skandhas. Rupa umfaßt alle Formen (Sinnesgegenstände), eigene und fremde. Berühmt ist der Satz aus dem → Herz-Sutra: «Form ist Leerheit, Leerheit ist Form» (→ sunyata); rupa taucht auch in der → Bedingten Entstehung auf in der Kombination → nama-rupa.

samadhi [Skrt., Pali], «Sammlung», Zustand eines von Gewohnheiten und Denkmustern nicht getrübten Geistes (→ Vier Wahrheiten), verwandt mit → dhyana.

Samantabhadra [Skrt.] «Ursprungsbuddha» (Adi-Buddha), verkörpert den Erfahrungsgehalt des → Dharmakaya. Er wird meist tiefblau und nackt dargestellt (als Ausdruck der → Leerheit), mit einer weißen Gefährtin in Vereinigung (Yab-Yum).

Sambhogakaya [Skrt.], «Körper des Entzückens»; → Trikaya.

samjna [Skrt., Pali: sanna], «Wahrnehmung», drittes der fünf → Skandhas. Gemeint ist die durch Begriffe getrübte Wahrnehmung, weshalb man samjna auch mit «Bewerten des Wahrgenommenen» oder mit «Urteilen über Wahrgenommenes» übersetzen kann.

Samkhya [Skrt.], eines der sechs klassischen Systeme der indischen Philosophie. Charakteristisch für diese Philosophie ist ein strenger Dualismus zwischen aktiver Materie (prakriti) und kontemplativem Geist (purusha).

samsara [Skrt.], wörtlich «Wanderung», Wanderung im Daseinskreislauf, Anhaften an den fünf → Skandhas, Gegensatz zu → nirvana (→ Vier Wahrheiten). Formal ist samsara die abhängige Bewegung im zwölfgliedrigen Rad des Werdens (→ pratityasamutpada), die durch Nichtwissen an Gewohnheiten (→ karma) gefesselt wird und so im Daseinskreislauf des Leidens verbleibt. Näher betrachtet ist samsara das Leiden (duhkha), das durch das Anhaften an den vergänglichen Phänomenen (→ Skandhas) entsteht, indem man die leeren Phänomene entweder als → substantiell existierend oder als vernichtet fehldeutet (→ Madhyamika).

samskara [Skrt., Pali: sankhara], «Gewohnheitsmuster, karmische Muster», das vierte der fünf → Skandhas. Gemeint sind vor allem unbewußt gewordene Gewohnheiten des Denkens, Fühlens und Handelns, die zum → karma werden und den Prozeß des Verblendung lenken (→ avidya).

Santideva → Madhyamika.

sati [Pali; Skrt. smriti], «Achtsamkeit», auch: «Gedächtnis, Erinnerung»; das wichtigste Element des buddhistischen Geistestrainings (→ vidya; → jnana). Die Übung der «Grundlagen der Achtsamkeit» (satipatthana) findet sich im → Pali-Kanon an mehreren Stellen: → Majjhima-Nikaya, 10; → Digha-Nikaya, 22; zu dieser Lehrrede gibt es zahlreiche Kommentare, einen von → Buddhaghosa. Techniken der höheren Fahrzeuge des buddhistischen Weges sind hierzu eng verwandt (→ Dzogchen; → Zen).

Scholastik, scholastisch, vom Lat. «schola», Schule, «Schulweisheit»; Bezeichnung für die christlich-abendländische Philosophie und Theologie im Mittelalter. Man unterscheidet die Frühscholastik (9.–12. Jh.), die Hochscholastik (13. Jh.) und die Spätscholastik (14.–15. Jh.). Eine Renaissance erlebte die scholastische Philosophie im 19. Jh. als Wiederbelebung der Philosophie des → Thomas von Aquin («Neuscholastik»). Die Hochscholastik (Albert der Große und → Thomas von Aquin) systematisierte den christlichen Glaubensinhalt (die Lehren der Kirchenväter) und verband ihn mit der Philosophie des Aristoteles. Weitere Systeme der Hochscholastik waren die des Dun Scotus, Dietrich von Freiberg, Roger Bacon und Alexander von Hales.

sila [Skrt.], «Sittlichkeit», durch Achtsamkeit gezügeltes, gütiges Verhalten; im Buddhismus für Laienanhänger durch fünf Regeln charakterisiert: kein Leben zu zerstören, nicht zu stehlen, keine Sexualität, die dem ethischen Empfinden widerspricht, nicht zu lügen, keine Drogen und Alkohol; Teil des Achtfachen Pfades (→ Vier Wahrheiten).

Skandhas [Skrt., Pali: Khandha], fünf. Die fünf Skandhas (→ rupa, → vedana, → samjna, → samskara, → vijnana) charakterisieren das situative Dasein (Tib.: bardo = «Geworfenheit»). Das, was gewöhnlich als Ich bezeichnet wird, gewinnt seinen Sinn durch diese fünf Aspekte. Das Ich «leiht» sich seine Identität von den fünf Skandhas: wir ver-meinen die fünf Skandhas als unser Ich. Die fünf Skandhas stellen einen unaufhörlichen Prozeß dar, in dem sich die verschiedenen Situationen dem verblendeten Geist zeigen. Dieser kontinuierliche Prozeß wird durch Gefühle (→ verdana) und Begriffe (→ samjna, → vijnana) angeregt und führt immer wieder in unerwünschte Situationen (→ Vier Wahrheiten; → samsara). Die Skandhas sind leer (→ rupa), d. h., sie besitzen keine unabhängige, substantielle Natur, die ergriffen werden könnte. Beim Versuch, den Prozeß der Skandhas zu er-greifen und durch Begriffe zu be-greifen, entsteht der Schein → substantieller Dinge und daraus Leiden. Die fünf Skandhas werden auch zu zwei Gruppen (nama-rupa) zusammengefaßt. Sie spielen eine vielfältige Rolle im → Tantra und im → Dzogchen (als fünf Weisheiten, fünf Farben des Regenbogens, fünf Bodhisattvas usw.); im Sterbeprozeß geht das Tibetische Totenbuch von einer schrittweisen Auflösung der fünf Skandhas aus.

Substanz, substantiell [Lat. «substantia»], wörtl. «das darunter Bestehende» (Gr. hypokeimenon), das Selbständige, Fürsichbestehende; entspricht dem Sanskritwort «svabhava». «Unter Substanz können wir ein Ding verstehen, das so existiert, daß es zu seiner eigenen Existenz keines anderen Dinges bedarf.» Descartes, Prinzipien der Philosophie I, 51 (→ partityasamutpada; → atman; → sunyata).

Sutra [Skrt., Pali: Sutta], Lehrrede des Buddha; Sutren bilden den zweiten Teil des → Tripitaka, bzw. umfassen den Korpus der Schriften des → Mahayana.

sunyata [Skrt., Pali: Sunnata], «Leerheit», «Offenheit». Grundbegriff des Mahayana, aber auch schon im → Pali-Kanon enthalten. Die Leerheit ist weder ein Nichts noch eine allumfassende → Substanz. Sie räumt, wie ein Spiegel, allen Erscheinungen ihren Raum ein, ohne selbst zu erscheinen. Die Leerheit bietet keinen Haltepunkt, sie widersetzt sich aber auch keiner Erscheinung (→ bodhicitta). Die Leerheit ist Leerheit an Bedeutung; d. h., Bedeutung hat keine Bedeutung. Deshalb übersteigt Leerheit jede Bedeutung, allen Sinn. Formal ist sunyata mit dem Prozeß der → Bedingten Entstehung identisch: Weil alles bedingt ist, gibt es keine → Substanz, alle Formen sind leer (→ Herz-Sutra).

tabula rasa [Lat.], wörtl. «abgewischte Schreibtafel», nach Aristoteles der Zustand des menschlichen Intellekts vor der Wahrnehmung. Nach Kant ist der Intellekt (Verstand) nicht «leer», sondern notwendig mit Kategorien vor aller Wahrnehmung erfüllt (= a priori); Kant leugnet die tabula-rasa-Theorie des Intellekts.

Tantra [Skrt.], wörtl. «Gewebe, Kontinuum», auch als Vajrayana (= Diamantfahrzeug) oder → Mantrayana bezeichnet; innere (geheime) Lehren des Buddhismus, die vorwiegend in Tibet, aber auch in Japan (Shingon) überliefert werden. Tantras (= Texte des Tantra) wurden nicht vom historischen → Buddha gelehrt; sie wurden nach der Überlieferung von Meistern direkt aus dem → Sambhogakaya empfangen. Wesentliche Elemente des buddhistischen Tantrismus sind → Mantren (daher auch → Mantrayana), Visualisationen, körperliche Yoga-Übungen und Rituale (sadhanas). Die Übertragung tantrischer Lehren erfolgt immer mündlich von einem Lehrer (Guru) durch eine Ermächtigung, eine bestimmte Praxis ausführen zu dürfen. Wichtige tantrische Texte sind das Guhyasamaja-Tantra und das Kalacakra-Tantra.

Theravada [Pali], wörtl. «Lehre der Ältesten», Bezeichnung für die Schule des südlichen Buddhismus, wie sie in Sri Lanka, Burma, Thailand, Kambodscha und Laos seit 2250 Jahren in ihrer ursprünglichen Form tradiert wird. Die wichtigsten Schriften des Theravada sind im → Pali-Kanon überliefert.

Thomas von Aquin (1225–1274), der «gemeinsame Lehrer» aller katholischen theologischen Schulen. Man bezeichnet ihn auch als «engelgleichen Lehrer» (Doctor Angelicus) oder als Princeps Scholasticorum (→ Scholastik). Thomas war beeinflußt von Albert dem Großen und versuchte wie dieser, Aristoteles, die Kirchenväter und den Bibeltext in ein einheitliches System zu verwandeln.

Trikaya [Skrt.], wörtl. «Drei Körper»; die drei Körper (kaya) oder Strukturen eines → Buddha. Der → Dharmakaya ist das wahre Wesen eines → Buddha, der → Sambhogakaya enthält alle Möglichkeiten eines Buddha; er ist nur für → Bodhisattvas auf den höheren Stufen der Erleuchtung erfahrbar, und der → Nirmanakaya ist der in der Welt erscheinende körperliche Buddha. Die Auslegung der drei Körper ist in verschiedenen Schulen unterschiedlich; im → Hinayana wird die Trikaya-Lehre nicht vertreten.

Trinität [lat.], «Dreifaltigkeit», Lehre des Christentums, nach der Gott durch drei Wesensaspekte gekennzeichnet werden kann (Vater, Sohn = Wort, Hl. Geist = Liebe).

Tripitaka [Skrt., Pali: Tipitaka], «Dreikorb» der Lehren; zusammenfassende Bezeichnung der buddhistischen Schriften: 1. Teil: Vinaya-Pitaka (= Regeln für das Zusammenleben der Mönche und Nonnen); 2. Teil: Sutra-Pitaka (= Lehrreden des Buddha; vor allem überliefert im → Pali-Kanon); 3. Teil: Abhidharma-Pitaka (= Kompendium buddhistischer Psychologie und Philosophie). Wichtige Texte sind auch im tibetischen Kanon (Kangyur) enthalten, neben tantrischen und anderen Texten.

upeksa → Gelassenheit.

Vaibasika [Skrt.], späte buddhistische → Hinayana-Schule, die von der Realität der äußeren Dinge ausgeht, die Existenz eines personalen Selbst aber leugnet; brachte wichtige Kommentare zum → Abhidharma hervor; → Vasubandhu.

vajra [Skrt.], wörtl. «Diamant», im → Tantra ein Synonym für die Leerheit.

vak [Skrt.], «Sprache, Stimme», Element der im → Tantra verwendeten Beschreibung des Menschen als Körper (→ kaya), Sprache (vak), Geist (→ citta); wird den → Trikaya zugeordnet.

Vasubandhu [Skrt.], 4. Jh., einer der Begründer der «Nur-Geist-Schule» (→ Cittamatrin), Bruder von → Asanga. Vasubandhu war zunächst Anhänger des → Hinayana und verfaßte in dieser Phase seines Lebens den im nördlichen Buddhismus wichtigsten Kommentar zum → Abhidharma (Abhidharmakosa); schloß sich später der Cittamatrin-Schule an.

Vatikanum II, gezählt als 21. ökumenisches Konzil, tagte vom 11. 10. 1962 bis zum 8. 12. 1965 unter Johannes XXIII. und Paul VI.

vedana [Skrt., Pali], «Gefühl, Emotion, Stimmung», zweites der fünf → Skandhas. Indem sich die Gefühle vor die Wahrnehmung der reinen Formen (→ rupa) schieben und Begriffe hinzutreten (→ samjna), wird die ursprüngliche Soheit der Phänomene in eine → substantielle Illusion verwandelt, in der zwischen Sein und Nicht-Sein unterschieden wird (→ Madhyamika). Nicht die Gefühle selbst sind die Verblendung, vielmehr ihre Funktion im Prozeß der fünf → Skandhas; deshalb werden Gefühle im → Tantra als Weg benutzt.

Vedanta [Skrt.], Zusammensetzung aus «Veda» und «anta» (Veda-anta), das Abschließende zu den Veden, den heiligen Büchern des Hinduismus. Die Vedanta-Lehre ging zuerst aus den Upanishaden (Geheimlehren) hervor, einer umfangreichen Literatur, die sich an die Veden anschließt. Der wichtigste Zweig ist das Advaita-Vedanta, die Lehre vom Nicht-Dualismus, wie sie vor allem von Sankara (* 686 n. u. Z.) systematisiert und vertieft (→ jnana) wurde. Es läßt sich ein Einfluß der → Madhyamika-Schule erkennen.

vidya [Skrt., Tib.: rigpa], «Wissen», verwandt zu «sehen» (Lat. videre), Wortwurzel für das griechische Wort «idea». Das reine Gewahrsein, die → Achtsamkeit, die ungetrübt von den → vijnana die Phänomene jenseits der Dualität von Sein und Nicht-Sein gewahrt (Soheit der Phänomene). Das Vertrautwerden mit der eigenen → Achtsamkeit spielt in den Übungen des → Theravada-Buddhismus und des → Mahayana, besonders auch im → Dzogchen eine herausragende Rolle. Der Gegenbegriff zu vidya ist → avidya.

Vier Unermeßlichkeiten (Pali: appamanna; auch: brahmavihara = «göttliche Verweilzustände»): Liebe (→ maitri), Mitleid (→ karuna), Mitfreude (mutida) und → Gelassenheit (upeksa); traditionelle Geistesschulung im gesamten Buddhismus.

Vier Wahrheiten (Edle Vier Wahrheiten). Die Wahrheit vom Leiden, der Entstehung des Leidens (→ samsara), der Aufhebung des Leidens (→ nirvana) und dem zur Aufhebung des Leidens führenden Pfand. Die erste Wahrheit beschreibt das Anhaften an den fünf → Skandhas, die zweite Wahrheit den aus der Unwissenheit (→ avidya) entstehenden Leidensprozeß (→ samsara), die dritte Wahrheit die Aufhebung dieses Prozesses (→ pratityasamutpada) durch schrittweisen Rückgang auf den Grundmangel, die Unwissenheit (→ nirvana), und die vierte Wahrheit umfaßt die praktischen Wege und Hilfsmittel, diese Umkehr zu bewerkstelligen. Der frühe Buddhismus faßt dies als Edlen Achtfachen Pfad zusammen: 1. rechte Erkenntnis, 2. rechte Gesinnung, 3. rechte Rede, 4. rechtes Handeln, 5. rechter Lebensunterhalt, 6. rechte Anstrengung, 7. rechte Achtsamkeit (→ sati) und 8. rechte Sammlung (→ samadhi); (1.–2.) = → prajna, (3.–5.) = → sila, (6.–8.) = → dhyana. Im → Mahayana und im → Tantra kommen vielfältige weitere Methoden spiritueller Praxis hinzu.

vijnana [Skrt., Pali: vinnana, Tib.: sems], «Bewußtsein», fünftes der fünf → Skandhas; Synonym für → citta und → manas. Das im engeren Sinne begriffliche Denken (mano-vijnana) ist nach der Lehre des → Lankavatara-Sutra der Grund aller Verblendung. Während das → alaya-vijnana mit einem stillen Ozean verglichen wird, führt das begriffliche Denken zu jenen Täuschungen und Verblendungen, die aufzuheben Aufgabe spiritueller Praxis ist. Im frühen Buddhismus werden sechs vijnana unterschieden (Seh-, Hör-, Tast-, Schmeck-, Riech- und Denkbewußtsein), in der → Cittamatrin-Schule unterscheidet man acht Bewußtseinsarten: zu den fünf Sinnesbewußtseinsarten kommen hinzu: das begriffliche Denken (mano-vijnana), das irrtümliche Ich-Bewußtsein (→ manas) und das Speicherbewußtsein (alaya-vijnana), das die Summe aller Gewohnheiten birgt, die (unbewußt) das Verhalten bestimmen und über den Tod hinausreichen.

vinaya [Skrt., Pali], wörtl. «Korb der Disziplin», Sammlung der Vorschriften für Mönche und Nonnen; dritter Teil des → Tripitaka.

Wittgenstein, Ludwig (1889–1951), wichtigster Begründer der sprach-analytischen Philosophie; betonte in späteren Jahren die besondere Bedeutung der Sprechsituation.

Zen [jap., chin. Cha'an; Skrt. dhyana], Name für die chinesischen und die japanischen Sekten, die von Bodhidharma (6. Jh.) begründet wurden. Die Zen-Schulen legen wert auf strikte Meditationspraxis und haben darüber hinaus eine Vielzahl eigenständiger Methoden entwickelt (z. B. die Koan-Praxis). Philosophische Grundlage des Zen ist weitgehend die Lehre der → Cittamatrins. Die Rinzai-Schule des Zen betont stärker die Koan-Praxis, die Soto-Schule legt besonderen Wert auf die Sitzmeditation (Za-zen). Herausragende Lehrer des Zen waren Hui-neng (638–713), Huan-po (gest. 850) und Linji (gest. 866) in China, Dogen (1200–1253), Bankei (1622–1693) und Hakuin (1686–1769) in Japan.

Literaturhinweise

Nachlagewerke, Sammelwerke

CONZE, E., Im Zeichen Buddhas. Buddhistische Texte, Berlin-Darmstadt-Wien 1961.

DAHLKE, P., Buddha. Die Lehre des Erhabenen, München o. J.

GRIMM, G., Buddhistische Meditationen, Pfullingen 1962.

FRAUNWALLNER, E., Die Philosophie des Buddhismus, Berlin 1994.

LEXIKON DER ÖSTLICHEN WEISHEITSLEHRE, Buddhismus-Hinduismus-Taoismus-Zen, Bern-München-Wien 1986.

MEDITATIONS-SUTRAS DES MAHAYANA-BUDDHISMUS, zwei Bände, hrsg. v. R. von Muralt, Bern 1988.

NYANATILOKA, Der Weg zur Erlösung, Konstanz 1956.

–, Buddhistisches Wörterbuch, Konstanz 1976[2].

–, Das Wort des Buddha, Konstanz 1978[3].

RAHNER, K. (Hrsg.). Herders Theologisches Taschenlexikon, acht Bände, Freiburg 1972.

RAHNER/VORGRIMLER, Kleines Theologisches Wörterbuch, Freiburg 1976.

SCHMIDT, K., Worte des Erwachten, München-Planegg 1951.

SNELLING, J., The Buddhist Handbook, London 1987.

TEXTE DER KIRCHENVÄTER, fünf Bände, München 1963.

Buddhismus

ABHIDHAMMATTHA-SNAGAHA, übers. v. Brahmacari Govinda, München-Neubiberg 1931.

ABHIDHARMA KOSA BHASYAM, übers. v. L. de La Vallée Poussin; engl. Übersetzung v. L. M. Pruden, vier Bände, Berkeley 1988.

ANACKER, S., Seven Works of Vasubandhu, Delhi 1986.

ANGUTTARA-NIKAYA, übers. v. Nyanatiloka, überarbeitet von Nyanaponika, fünf Bände, Freiburg 1984.

BANKEI, Die Zen-Lehre vom Ungeborenen, Bern-München-Wien 1988.

BODHIDHARMA, Lehre des Zen, übers. v. R. Pine, München 1990.

BRÜCK, M. VON, DALAI LAMA, Weisheit der Leere, Zürich 1989.

CANDRAKIRTI, Prasannapada, übers. v. T. R. V. Murti und U. S. Vyas, Boulder 1979.

CHENG, HSUEH-LI, Empty Logic. Madhyamika Buddhism from Chinese Sources, Delhi 1991.

CHOKYI NYIMA RINPOCHE, The Union of Mahamudra and Dzogchen, Hong Kong 1986.

CONZE, E., Eine kurze Geschichte des Buddhismus, Frankfurt/M. 1984.

–, Buddhistisches Denken, Frankfurt/M. 1988.

DALAI LAMA, Die Gespräche in Bodhgaya, Grafing 1989.

–, Gesang der inneren Erfahrung. Die Stufen auf dem Pfad zur Erleuchtung, Hamburg 1993.

DALAI LAMA, M. VON BRÜCK, Denn wir sind Menschen voller Hoffnung, München 1988.

DAS TIBETANISCHE TOTENBUCH, hrsg. v. W. Y. Evans-Wentz, Freiburg 1977.

DHAMMAPADA, übers. v. K. E. Neumann, München 1949.

DHAMMAPADA, Des Buddhas Weg zur Weisheit und Kommentar, übers. v. Nyanatiloka, Uttenbühl 1992.

DIAMOND SUTRA, übers. v. A. F. Price und Wong Mou-Lam, Boulder 1969.

DIGHA-NIKAYA, übers. v. K. E. Neumann, vier Bände, München 1927.

DILGO-KHYENTSE, The Wish-Fulfilling Jewel, Boston-London 1988.

–, Das Herzjuwel der Erleuchteten, Berlin 1994.

DOGEN, Shobogenzo, übers. v. Kosen Nishiyana, J. Stevens und M. Eckstein, zwei Bände, Zürich 1975.

–, Selected Writings, übers. v. Yuho Yokoi, New York-Tokyo 1976.

–, Shobogenzo Zuimoni, München 1992.

DUDJOM RINPOCHE, The Nyingma School of Tibetan Buddhism, zwei Bände, Boston 1991.

GAMPOPA, Juwelen-Schmuck der Geistigen Befreiung, übers. v. H. Günther, München 1989.

GESHE LHÜNDUB SÖPA, J. HOPKINS, Der Tibetische Buddhismus, Köln 1976.

GESHE WANGYAL, Tibetische Meditationen, Zürich 1973.

GLASENAPP, H. VON, Buddhistische Mysterien, Stuttgart 1940.
–, Die Philosophie der Inder, Stuttgart 1958.
GUDMUNSEN, C., Wittgenstein and Buddhism, London-Basingstoke 1977.
GÜNTHER, H. V., Philosophy & Psychology in the Abhidharma, Berkeley-London 1976.
–, Tibetan Buddhism in Western Perspective, Dharma Publishing 1977.
–, Tantra als Lebensanschauung, Düsseldorf 1989.
GOODMAN, S. D., Situational Patterning: Pratityasamutpada, Crystal Mirror, Vol. III, S. 93ff.
GOVINDA, LAMA ANAGARIKA, Grundlagen tibetischer Mystik, Frankfurt/M. 1975.
HALDER, A., Abhidharmakosa of Vasubandhu, Calcutta 1981.
HOPKINS, J. (Hrsg.), Tantra in Tibet, Köln 1977.
–, Meditation on Emptiness, London 1983.
KALUPAHANA, D. J., A History of Buddhist Philosophy, Honolulu 1992.
KLEIN, A., Knowledge and Liberation, Ithaca-New York 1986.
KOMMENTAR zur Lehrrede von den Grundlagen der Achtsamkeit, Konstanz 1973
KUPPURAM, G., K. KUMUDAMANI (Hrsg.), Buddhist Heritage in India and abroad, Delhi 1992.
LANKAVATARA-SUTRA, übers. v. D. T. Suzuki, Boulder 1978.
LATI RINBOCHAY, E. NAPPER, Mind in Tibetan Buddhism, Snow Lion 1980.
LIEDER DER MÖNCHE UND NONNEN, übers. v. K. E. Neumann, München 1923.
LINJI, Begegnungen und Reden, übers. v. P. Brun, Zürich 1986.
LONGCHENPA, You Are the Eyes of the World, übers. v. K. Lipman und M. Peterson, Lotsawa 1987.
–, Buddha Mind, übers. v. Thondup Rinpoche, Ithaca-New York 1989.
LOPEZ, D. S., The Heart Sutra Explained, New York 1988.
LÜLING, G., Avicenna und seine buddhistische Herkunft; in: Zwei Aufsätze zur Religions- und Geistesgeschichte, Erlangen 1977.
MADHYANTA-VIBHANGA, Discourse on Discrimination between Middle and Extremes, übers. v. F. Th. Stcherbatsky, Calcutta 1971.
MAHAPARINIBBANA-SUTTAM, übers. v. K. E. Neumann, München 1923.

MAJJHIMA-NIKAYA, übers. v. K. E. Neumann, drei Bände, München 1922.

MENSCHING, G., Der offene Tempel, Stuttgart 1974.

MURTI, T. R. V., The Central Philosophy of Buddhism, London 1960 (Reprint 1980).

NAGAO, G. M., Madhyamika and Yogacara, New York 1991.

NAGARJUNA, The Philosophy of the Middle Way, hrsg. v. D. J. Kalupahana, New York 1986.

–, Madhyamika-Karika, übers. v. M. Walleser, Heidelberg 1912.

–, Madhyamika-Sastra, übers. v. M. Walleser; in: J. Mehlig (Hrsg.), Weisheit des alten Indien, Band 2, München 1987.

–, A Letter to a Friend; in L. Kawamura (Hrsg.), Golden Zephyr, Dharma Publishing 1975.

NAGARJUNIANA, hrsg. v. C. Lindtner, Copenhagen 1982.

NEUMAIER-DARGYAY, E. K. (Hrsg.), The Sovereign All-Creating Mind. The Motherly Buddha (Kun byed rgyal po'i mdo), New York 1992.

NYANAPONIKA, Geistestraining durch Achtsamkeit, Konstanz 1979.

–, Der einzige Weg. Buddhistische Texte zur Geistesschulung in rechter Achtsamkeit, Konstanz 1980[2].

NAYNATILOKA, Dhammapada. Des Buddhas Weg zur Weisheit, Uttenbühl 1992.

OBERMILLER, E., Nirvana in Tibetan Buddhism, Delhi 1988.

–, The History of Buddhism in India and Tibet, Heidelberg 1932; reprint Delhi 1986.

SAMYUTTA-NIKAYA, hrsg. v. W. Geiger, zwei Bände, München-Neubiberg 1930.

SANGHARAKSHITA, A Survey of Buddhism, Shambala 1980.

SANTIDEVA, Bodhicaryavatara, Eintritt in das Leben zur Erleuchtung, übers. v. E. Steinkellner, Köln 1981.

–, A Guide to the Bodhisattvas's Way of Life, hrsg. von S. Batchelor, Dharamsala 1979.

SCHMIDT, K., Leer ist die Welt, Konstanz 1953.

–, Sprüche und Lieder, Konstanz 1954.

–, Buddhas Reden (Majjhima-Nikaya), Berlin 1978.

SEIDENSTÜCKER, K., Pali-Buddhismus in Übersetzungen, Breslau 1911.

SOGYAL RINPOCHE, Dzogchen & Padmasambhava, Berkeley 1989.

–, The Tibetan Book of Living and Dying, San Francisco 1992 (deutsch: Das Tibetische Buch vom Leben und Sterben, 1993).

STCHERBATSKY, F. TH. Buddhist Logic, zwei Bände, Reprint New Delhi
1984.
SUTTA-NIPATA, übers. v. K. E. Neumann, München 1924.
SUTTA-NIPATA, übers. v. Nyanaponika, Konstanz 1977².
SUZUKI, B. T., Studies in the Lankavatara Sutra, Boulder 1981.
TSCHÖGYAM TRUNGPA, Aktive Meditation, Olten-Freiburg 1972.
TSELE NATSOK RANGDROL, Lamp of Mahamudra, Shambala 1989.
VISUDDHI-MAGGA (Der Weg zur Reinheit), übers. v. Nyanatiloka, Kon-
stanz 1952².
WADDELL, L. A., The Budhism of Tibet or Lamaism, Cambridge
1939².
WALLESER, M., Die Sekten des alten Buddhismus, Heidelberg 1927.
WEINRICH, F., Die Liebe im Buddhismus und im Christentum, Berlin
1935.

Christliche Theologie, Hinduismus und Philosophie

ARISTOTELES, Peri Hermeneias, Lehre vom Satz, übers. v. E. Rolfes,
Hamburg 1958.
–, Über die Seele, hrsg. v. P. Gohlke, Paderborn 1961.
BERKELEY, G., Eine Abhandlung über die Prinzipien der menschlichen
Erkenntnis, Hamburg 1979.
BÖHME, J., Weg zu Christo, Königsberg 1865.
BRAIG, C., Vom Sein. Abriß der Ontologie, Freiburg 1896.
BUCHNER, H., Japan und Heidegger, Stegen bei Freiburg 1989.
DESCARTES, R., Die Prinzipien der Philosophie, hrsg. von Buchenau,
Hamburg 1955.
DIONYSIOS AREOPAGITA, Mystische Theologie und andere Schriften,
München-Planegg 1956.
EVANGELIUM NACH THOMAS, hrsg. v. A. Guillaumont, H.-Ch. Puech,
G. Quispel u. a., Leiden 1959.
DIE GNOSIS, drei Bände, Zürich-Stuttgart 1969, 1971 und 1980.
HEGEL, G. W. F., Werke, hrsg. v. E. Moldenhauer und K. M. Michel,
Frankfurt 1969ff.
HEIDEGGER, M., Dankansprache; in: Ansprachen zum 80. Geburtstag,
hrsg. von der Stadt Messkirch (1969).
–, Sein und Zeit, Tübingen 1972¹².
–, Prolegomena zur Geschichte des Zeitbegriffs, GA Bd. 20.

–, Die Grundprobleme der Phänomenologie, GA Bd. 24.

–, Parmenides, GA Bd. 54.

–, Zollikoner Seminare, hrsg. v. M. Boss, Frankfurt/M. 1987.

HERAKLIT, Fragmente, hrsg. v. B. Snell, München 1965.

JASPERS, K., Aus dem Ursprung denkende Metaphysiker, Stuttgart-Hamburg 1957.

KANT, I., Kritik der reinen Vernunft (Reclam-Ausgabe), Leipzig o. J.

LORENZ, K., Die Rückseite des Spiegels, München 1973.

MATURANA, H. R., F. J. VARELA, Der Baum der Erkenntnis, Bern et. al. 1987.

MAY, R., Ex oriente Lux. Heideggers Werk unter ostasiatischem Einfluß, Stuttgart 1989.

MEISTER ECKHART, hrsg. v. W. Lehmann, Göttingen 1919.

–, Das System seiner religiösen Lehre und Lebensweisheit, hrsg. v. O. Karrer, München 1926.

–, Schriften, hrsg. v. H. Büttner, Jena 1934.

–, Deutsche Predigten und Traktate, hrsg. v. J. Quint, München 1963.

–, Expositio Sancti Evangelii Secundum Johannem, Lateinische Werke Bd. 3, Stuttgart-Berlin 1936ff.

–, Gotteserfahrung und Weg in die Welt, hrsg. v. D. Mieth, Olten-Freiburg 1979.

MERLEAU-PONTY, M., Das Sichtbare und das Unsichtbare, München 1986.

NIETZSCHE, F., Werke, hrsg. v. G. Colli und M. Montinari, Berlin 1982 ff.

PIEPER, J., Wahrheit der Dinge, München 1951.

RAMANA MAHARISHI, Sei, was du bist!, Bern 1985.

SCHOMERUS, H. W., Indien und das Christentum, drei Teile, Halle 1931.

SHANKARA, Das Kleinod der Unterscheidung, Bern-München-Wien 1981.

–, Bhaja Govindam. Eine Hymne der Entsagung, Heiligkreuzsteinach 1980.

TEXTE AUS DER MYSTIK DES 14. UND 15. JAHRHUNDERTS, hrsg. v. A. Spamer, Jena 1912.

THOMAS VON AQUIN, Summa Theologica, deutsche Thomas-Ausgabe, mehrere Jahre und Bände.

–, Das Leben des heiligen Thomas von Aquin, erzählt von Wilhelm von Tocco, und andere Zeugnisse, Düsseldorf 1965.

–, Summa Contra Gentiles (Summe gegen die Heiden), hrsg. v. K. Albert und P. Engelhardt, Darmstadt 1974ff.

–, Von der Wahrheit (De veritate), übers. v. A. Zimmermann, Hamburg 1986.

U. G., The Mystique of Enlightenment. The unrational Ideas of a man called U. G., Goa 1982.

UDE, J., Die Autorität des hl. Thomas von Aquin als Kirchenlehrer und seine Summa Theologica, Salzburg 1932.

WEGER, K.-H. (Hrsg.), Argumente für Gott, Freiburg 1987.